Eichhörnchen im Winter

Wenn die Sonne scheint - ist es anders

AF194577

Herstellung und Verlag: BoD – Books on Demand,
Norderstedt
© 2022 by Klaus-Jürgen Sparfeld & M. S. Dueschamm

ISBN 9783755782131

Foto: Mausi Sparfeld

M. S. Dueschamm

Eichhörnchen im Winter

Wenn die Sonne scheint - ist es anders

***

Für Maja

***

Abschied

Du bist noch da
Und nicht mehr wahr
Die Gedanken
Sind die Schranken

Sie binden mich
Noch jetzt an Dich!
Der Geist ist weg
Denn ohne Zweck

Ist die Liebe
Die mir bliebe
Der Verstand sieht
Was da geschieht

Es ist das Herz
Was macht den Schmerz
Und am Ende
Kommt die Wende

Vergessen sie
Doch ohne nie
Und im Leben
Mit dem Schweben

Wirst du sehen
Es wird gehen
Du wirst bleiben
Sie wird scheiden

Du wirst siegen
Und auch fliegen
Sie wird sterben
Ohne Werben

Und dann denken
Sich verrenken
Ihre Wünsche
Sind nur Tünche

Sie hat versäumt
Du nur geträumt
Wer die Liebe
Die dir bliebe?

Sie für immer
Hattest nimmer
Denn ihr Wollen
Ist verschollen

Du bist jetzt frei
Und einerlei
Nur gelogen
Und betrogen

Im Leben glaub
Sonst sei taub
Nur selber dir
Dann bleibst du hier!

Allein und einsam

Mein Leben war in Ordnung eben
Und durch ein kurzes Beben
Ist etwas entstanden
Was ich nicht hab´ verstanden

So schnell kam dann das Neue
Wie ich es heut´ bereue!
Wenn ich das gewußt
Dann blieb´ erspart der Frust

Doch ich war dumm und blind
Eben wie ein kleines Kind
Die Liebe nimmt die Sinne
Leider nicht die Stimme

So redest du verkehrt
Was dir viel Leid beschert
Und als die Augen offen
Warst du sehr wohl betroffen

Doch es war zu spät
Die Zeit nicht rückwärts dreht
Sie waren beide es für dich
Doch dachten nur an sich

So kam, was kommen sollte
Am Ende keine, die dich wollte
Du warst allein und einsam
Und alle andern zweisam

Du warst der dumme Tropf
Mit viel Leere nun im Kopf
Du hast vertraut, geglaubt
Sie haben alles dir geraubt!

Alles auf der Welt

Und lieb ich Dich
Und weiß ich nicht.

Und will ich bei Dir sein
Und bin ich doch allein.

So ist doch alles auf der Welt
Für uns - was uns gefällt!

Alles für die Liebe

Mein Leben geht
Wenn keine Liebe steht
Denn ohne sie
Ist ein Leben nie

Du willst leben
Alles willst du geben
Du willst lieben
Mit allen Trieben

Du suchst dir eine Frau
Und weißt es ganz genau:
Willst in sie dringen
Und dir deine Kinder bringen

Das ist das Ziel
Du willst nicht viel
Willst weiter leben
In die Zukunft schweben

Gene gibst du gerne
Auch in weite Ferne
Sie sind dein Sein
Ohne sie bist du allein

Alles ist bestimmt
Und auf sie getrimmt
Du lebst nur für sie
Und sie vergeben nie

So ist das Ziel ganz klar
Wie es schon am Anfang war:
Wenn auch nichts dir bliebe
Du tust alles für die Liebe!

Alles und Nichts

Weinen vor Schmerzen
Mit gebrochenem Herzen

Und im Kopf der Druck
Steh auf, gib dir einen Ruck

Nur Sinnlosigkeit,
Tränende Augen

Vertan, zerronnen die Zeit
Tod in sich saugen, saugen

Alles geschrieben
Nichts Neues ist mehr

Erinnerung geblieben
Alles geschrieben, lang her

Alphabet

A und B
Will das C
D und E
Ist im Schnee

F und G
Ohne Zeh
H und I
Das geht nie

Und das J
Gibt Komplott

K und L
Ist sehr schnell

M und N
Ist ein Wenn
O, P, Q
Ich seh zu

R, S, T
Das tut weh
U und V
Ist nur Schau

W und X
Das ist nichts
Y und Z
Schnell ins Bett

Alternative

Nicht die Wahl ist das, was zählt
Sondern, ob dich jemand wählt

Und wenn das nicht ist der Fall
Dann verschwinde ohne Schall

Schreibe deine Bücher
Und werde so wie Blücher!

Auch ohne Dich

Du warst mein Leben
Warst es bis eben
Nun hab´ ich gesehen
Was ist mir geschehen

Und es ist vorbei
Es ist einerlei
Warst alles für mich
Hab´ geliebt nur Dich

Verraten in Scheiben
Ich werd´ nicht mehr leiden
Jetzt ist alles so klar
Ich weiß, ich war ein Narr

Hab´ projiziert in Dich
Was wollte sehen ich
Du bist die geblieben
Die man nicht kann lieben

Mein Leben hast zerstört
Du, als Du mich erhört
Bewußt hast es getan
Ich war der Scharlatan

Du lebst nun heiter weiter
Ich bin heut´ gescheiter
Will ohne Dich jetzt sein
Und bin ich auch allein

Sterben ohne Liebe
Das, was Dir nur bliebe
Ich werde glücklich sein
Auch ohne Dich zu zwein!

Auf der Blume

Auf der Blume sitzen
An den kleinen Spitzen
Viele, viele Tiere
Und gehen ihr auf die Niere

Saugen an den Trieben
Den besonders lieben
Schlecken auch den Nektar
Der dann ist wohl weck da

Ohne diese Sachen
Vergeht der Blum´ das Lachen
Sie schließt die Blüten schnell
Und das ist very well!

Auf des Waldes Boden

In dem Walde auf dem Boden
Kraulte sie an seinem Hoden

Die Rehe schauten scheue
Sie war gänzlich ohne Reue

Ihre Hand die glitt nun weiter
Seine Hoden fanden´s heiter

Ihre Lippen brachten Küsse
Und noch weitere Genüsse

Langsam schoben sie sich munter
Ganz und gar an ihm hinunter

Schuhe, Socken, Hemd und Hose
Alles war auf einmal lose

Von unten Moos, von oben sie
Nach außen drückten seine Knie

Der Blick zum grünen Blätterdach
Sie lächelte und er lag flach

Spürend ihre weiche Wärme
Zog es ihm durch alle Därme

Und die besagten Hoden
Die waren jetzt am Toben

Es hämmerte nicht nur der Specht
Alle staunten sie nicht schlecht:

Frischling, Keiler und die Bache
Verwunderte die ganze Sache

Auf leisen Pfoten schlich der Fuchs
Zu seiner Freundin, Fräulein Luchs

Es schlängelte die Schlange
Den beiden war nicht bange

Ihre Körper waren heiß
Und in Strömen floß der Schweiß

Des Hirsches Röhren war ein Summen
Im Vergleich zu seinem Brummen

Ein Zittern ihn erfaßte
Und alles leicht verblaßte

Sein Geist empor zum Himmel schoß
Als der Samen sich ergoß

Sein Körper schlaff am Boden lag
Der Nagel sie zu seinem Sarg!

Aus dir heraus

Du hustest und du rotzt
Du prustest und du kotzt

Du denkst dein Leben
Das ist zu Ende eben

Es kommt aus deinem Rachen
Und dir vergeht das Lachen

Du hängst über dem Klo
Und alles läuft ganz einfach so

Dein Inneres nach Außen
Alles ist jetzt draußen

Doch es kommt noch mehr
Du weißt es nicht, woher

Du bist in dir ganz leer
Und wer kann dir helfen, wer?

So hängst du an der Schüssel
Und sehnst dich nach dem Schlüssel

Es stinkt und riecht
Und es in deine Nase kriecht

Alles dreht sich am Ende
Du suchst Halt für deine Hände

Du blickst ganz fromm nach oben
Es ist nur aufgeschoben!

Ausgerechnet Dich

Regina hin Regina her
Sie war einmal und ist nicht mehr
Und dennoch: lieb´ ich sie sehr

Das erste Mal erst lieb´ ich
Und ausgerechnet Dich!

Die man will, will einen nicht;
Die andere Dir alles verspricht.

Schicksal.

Bei Ali Baba

Der Tag war voll Sonne
Was geschah, es war da
Und brachte Wonne
Bei Ali Baba

Du kamst zum Theater
Sahst sie im Garten
Könntest sein ihr Vater
Kannst Du noch warten?

Fragtest nach dem Weg
Wie es wohl gerät
Sie sagten, wie es geht
Ist es für dich zu spät?

Sie ist süß und ist klein
Turnte durch das Haus
Wird sie sein einmal dein?
Oder ist es jetzt schon aus?

Spielte viele Rollen
War da ganz famos
Alles ohne Grollen
Was ist mit ihr los?

Hat ein süßes Lächeln
Und der Busen wächst
Fängst schon an zu Hecheln
Alles nach ihr lechzt!

Und dann ihre Augen
Schauen auf dich hin
Willst dich an sie saugen
Und bist in ihr drin

So endet das Gedicht
Was auch da geschah
Wer weiß und wer weiß nicht
Bei Ali Baba!

Bei Dir sein

Sonne scheint
Winter weint

Wiese blüht
Alles glüht

Biene summt
Hummel brummt

Frosch, der quakt
Molch, der wagt

Wärme brennt
Blume trennt

Alle schauen
Sich nicht trauen

Liebe geht
Bauer säht

Sehne mich
Suche Dich

Du bist fort
Welcher Ort?

Nicht binden
Nur schinden

Und dann weg
Welcher Zweck?

Mein ich
Vermißt Dich

Aber dann
Frage: Wann?

Und Du weißt
Was das heißt

Mond erscheint
Sonne weint

Himmel fällt
Auf die Welt

Liebe will
Ohne Drill

Denken was
Finden das

Alle Zeit
Bin bereit

Sonne mein
Bei Dir sein

Bei einem Wein

Du hast gegeben
Mir ein Leben

Ich war am Ende
Und deine Hände

Haben gezogen
Mich nach oben

Die Sonne strahlte
Gleich uns prahlte

Alles konnte gehen
Und geschehen

Am blauen Himmel
Weiße Schimmel

Reiten im Galopp
Nur Glück, hopp, hopp

Die Unendlichkeit
War nicht sehr weit

Was du besessen
War vergessen

Und deine Liebe
Wich dem Triebe

Oder Liebe war
Einfach nicht mehr da

Du bist ohne Ruh
Das Opfer du

Als die Sonne ging
Dein Herz es hing

Alles ist verschwunden
Du bist ungebunden

Doch du bist allein
Willst es nicht sein

Nichts hilft dir mehr
Gleich ist lange her

Du bist verlassen
Am Verblassen

Gehst ins Nichts hinein
Bei einem Wein!

Blümlein und Bienlein

Ein Blümlein auf der Wiese stand
Ein Bienlein es dort fand
Und das Bienlein wollt sich senken
Wollt seinen Rüssel tränken

Das Blümlein zierte sich gar sehr
Das Bienlein drängte mehr
Das Blümlein sprach: „Mein Nektar, ach!"
Das Bienlein macht es schwach

So willigte das Blümlein ein
Das Bienlein fand das fein
Blümlein war am Ende offen
Bienlein dann besoffen!

Brief an Regina

4.45 Uhr

Das Wegfahren fällt mir sauschwer.
Ich könnte die ganze Zeit nur heulen.
Es fällt mir noch schwerer, weil ich weiß,
daß Du weg bist, wenn ich wiederkomme!

Wie war das doch?
...Und bist Du fort von mir
Sehn´ ich mich so sehr nach Dir
Wie eine Pflanze, die kein Wasser hat -
Langsam verliert sie Blatt für Blatt

Christian kommt Nicole mit jeder Minute näher
- und ich?
Ich brauche Dich!
Ich hab´ so wahnsinnig Angst vor dem 17.!
Ich finde nichts Worte mehr:
Ich kann nur an Dich denken und hoffen,
Du fühlst ein bißchen,
was ich für Dich empfinde!

4.57 Uhr

Hast Du meine Karte bekommen?
Weißt Du noch, wie Du gestern gesagt hast,
daß jeder Abschied wie sterben ist
und ich da gesagt hab´,
daß ich genauso denke?

4.59 Uhr

Lieb´ mich doch,
bitte,
nur ein kleines bißchen.
Und es muß ja auch nicht für immer sein,
aber bitte, bitte.

5.04 Uhr

Das ist das letzte, was Du von mir bekommst,
bevor Du verreist:
Ich liebe Dich!

Dann ist irgendwann

Wenn Meere fallen
Wenn Mauern krallen

Wenn Sterne sinken
Wenn Berge trinken

Wenn Wellen reiten
Wenn Flüsse schreiten

Wenn Täler türmen
Wenn Bäume stürmen

Dann ist die Zeit heran
Dann ist irgendwann

Dann und wann

Alkohol ist dumm
Er bringt dich um

In manchen Fällen
Entfacht er Wellen

Er füllt dich aus
Und auch dein Haus

Was du erstrebt
Hat er erlebt

Er will leben
Nimmt dich eben

Und will sehen
Und verstehen

Was er nicht kann
Im Leben - dann und wann

Das Herz

Wenn ich denke, daß Du mich berührst
Wenn ich denke, daß Du mich verführst
Wenn ich denke, daß Du mich geküßt
Wenn ich denke, daß ich Dich vermißt

Wenn ich denke, daß Du warst so nah
Wenn ich denke, daß ich traurig war
Wenn ich denke, wie wir sind gegangen
Wenn ich denke, wie ich an Dir gehangen

Wenn ich denke, was Du hast gesagt
Wenn ich denke, daß nicht hab´ gefragt
Wenn ich denke, daß Du warst mein Traum
Wenn ich denke, daß alles sonst nur Schaum

Wenn ich denke, daß mit Dir nur leben
Wenn ich denke, daß Dir alles geben
Wenn ich denke, daß nur Liebe mein Herz
Wenn ich denke, daß für Dich ein Scherz

Wenn ich sehe, wie Du wirklich bist
Wenn ich sehe, was in mir es ist
Dann erst kann ich es verstehen
Wieso ich hab´ Dich so gesehen

Wenn ich öffne meine Augen weit
Wenn ich sehe Dich in der Zeit
Es ist das Herz, mein liebes Kind
Es bringt die Liebe und es macht blind

Das kleine Käthchen

Das kleine Käthchen
Das gestern noch ein Mädchen

Ist nun eine Frau
Und das spürst du ganz genau

Du siehst sie stehen
Und willst einfach zu ihr gehen
Die Gefühle wallen
Und die Schranken in dir fallen

Das kleine Käthchen
Das gestern noch ein Mädchen
Wird heute eine Frau
Das weißt du nun genau

Das Leben

Mein Leben geht dahin
Ich sehe keinen Sinn

Was ich wollt´ erreichen
Mußte andrem weichen

Ich lebte Tag für Tag
Und suchte meinen Sarg

Doch die Erkenntnis kam
Die alle Hoffnung nahm

Das Leben, das ist Scheiß
Wie gut, daß ich das weiß!

Das Runde

Das Laufen ist gesund
Du tust es, denn Du bist rund

Du zwängst Dich in die Hose
Damit nichts schwabbelt lose

Dann startet Deine Tour
Um zu verbessern die Figur

Du läufst an mir vorbei
Das schon macht mich high

Alles an Dir bebte
Und mein Penis, der schwebte

Ich folgte Dir gaz leise
Und Du zogst Deine Kreise

Dann hast Du mich entdeckt
Und warst zuerst erschreckt

Dein Blick der traf mich dann
Ich sah Dich einfach an

Meine Augen sprachen Bände
Ich nahm dann meine Hände

Du warst so warm und weich
Ich war hinweg sogleich

Ich wollt´ Dir meine Liebe schenken
Und gab Dir zu bedenken:

Ich lieb´ Dich wie Du bist
Alles andere ist Mist

Wenn Deine Pfunde purzeln
Wirst Du mich entwurzeln

Denn so eine Bohnenstange
Bei der bleib´ ich nicht lange

Und bist Du auch gewichtig
Deine Formen die sind richtig

Drum anstatt zu laufen
Laß uns lieber Essen kaufen

Gib´ Deinem Körper Pfunde
Denn ich liebe es, das Runde!

Deine Liebe zu mir

Deine Liebe zu mir
Gleicht einem schalen Bier

Sie strahlt und blüht ganz hell
Und sie vergeht so schnell

Hoch zum Himmel sie steigt
Am Wendepunkt sich neigt

Alles auf dieser Welt
Scheint nur für sie bestellt

Du redest und erzählst
Sorgsam die Worte wählst

Ich glaubte alles Dir
Wollte nur Dich bei mir

Doch damit sodann
Da fing mein Leiden an

Alles, was Du sagtest
Und das, was Du fragtest

Auf Eines zielte nur
Ich hatte keine Spur

Du wolltest es wissen
Und ich Dich nur küssen

Du wolltest Dein Leben
Und nahmst meines eben

Als Du hattest Deines
Nicht mehr wichtig meines

Du ließest mich stehen
Ich wollte nicht gehen

Brutal und ohne Herz
Für mich der größte Schmerz

Ich blieb allein zurück
Für mich ist hier kein Glück

Du lebst für Dich heiter
Ich so nicht mehr weiter

Denn die Liebe von Dir
Brachte den Tod nun mir

Dein Ich

Wenn ich Dich ansehe
In Gedanken vor Dir stehe
Wenn Dein Atem zu mir weht
Und mein Herz auf Reisen geht

Wenn mein ganzes Leben
Das ich Dir nur hab´ gegeben
Jetzt an mir schnell zieht vorbei
Dann ist es, wie es sei

Du bist alles das für mich
Was nur je gewünscht hab´ ich
Und Du bist nicht errötet
Als Deine Liebe mich getötet

Nie hätt´ ich dürfen gehen
Um Dich des nachts zu sehen
Du bist der Schein, der scheint
Und nicht sagt, was er wohl meint

Mein Leben ist gestorben
Ist von Dir verdorben
Du bist empor gestiegen
Ich muß im Grabe liegen

Du strahlst in hellem Glanze
Ich bin die kleine Wanze
Dein Ich hat mich besiegt
Hab´ wohl verdient, was ich gekriegt!

Den, der liebt

Leben ist Tod
Und Tod Leben
Wenn du fühlst
Dann lebst du

Und wenn du fühlst
Dann stirbst du
Ohne Gefühle
Ist Leben Segen

Mit ihnen
Ist es Leiden
Vom Anbeginn
Bis zum Ende

Wenn du liebst
Dann lebst du

Und wenn du liebst
Dann stirbst du

Liebe gibt alles
Und nimmt alles
Liebe erhöht
Und Liebe stürzt

Am Ende ist sie
Schmerz und Trauer
Unendlichkeit im Nichts
Und du allein

Denn Liebe tötet
Den, der liebt!

Der Frosch

Ein Frosch, der saß auf einem Stein
Und blickte in das Wasser rein

Er sah dort einen Fisch
Der war nichts für den Speisetisch

Seine Augen suchten weiter
Nach etwas, das Gescheiter

Die Blüte strahlte gelb
Er fühlte sich schon als Held

Auf der Blüte saß die Hummel
Und machte viel Gebrummel

Langsam kroch er näher ran
Sein Sprung der folgt sodann

Doch die Hummel, die war schneller
Sie wollte nicht auf seinen Teller

Der Frosch, er sauste weit vorbei
Unten zog vorbei ein alter Schlei

Blitzschnell er schoß empor
So daß der Frosch am End verlor

Der Mann im Baum

Hoch steigt er in den Baum
Er ist zu sehen kaum
Die Schere in der Hand
Sucht er nach gutem Stand

Dann fängt er an, zu schneiden
Egal, ob Äpfel, Birnen, Weiden
Es fallen viele Äste
Für den Baum das Beste

Der Boden ist bedeckt
Mit Abfall und mit Dreck

Der Baum erstrahlt im Glanze
Wie eine neue Pflanze

Er ist ein Meister halt
Und es wird nie zu kalt
Wenn seine Kunst du schaust
Und dich am Schnitt erbaust

Des Lebens Fluß

Nichts im Leben ist gegeben
Weder Trauern noch das Schweben

Mit zwanzig denkst du: Frauen und Sex
Und trinkst dabei eins, zwei, drei Beck´s

Mit dreißig ist der Job schon wichtig
Und Wein zum Trinken eher richtig

Mit vierzig die Familie drängt
Und viel deshalb am Klaren hängt

Mit fünfzig willst du brechen aus
Und trinkst auch gern mal außer Haus

Mit sechzig ist dann anders alles
Und der Whisky für den Fall des Falles

Mit siebzig ist auch das egal
Der gute Chivas steht ja im Regal

Mit achtzig, wenn du noch nicht gegangen
Wird beim Fruchtsaft abgehangen

Mit neunzig da ist es noch nicht aus
Die Dialyse bringt die Getränke dir ins Haus

Mit hundert ist es dann wohl vorbei
Und was du trinkst ist einerlei

Du bist im Jenseits angekommen
Und genießt dort alle Wonnen

Dezembersonne

Dezembersonne ist so kalt
Dezembersonne und du fühlst dich alt
Dezembersonne die nicht wärmt
Dezembersonne die vom Frühling schwärmt

Dezembersonne ist so bleich
Dezembersonne ist nicht Fisch nicht Fleisch
Dezembersonne strahlt für Dich
Dezembersonne doch nicht mehr für mich

Dezembersonne wird vergehen
Dezembersonne und sie läßt dich stehen
Dezembersonne trägt die Zeit
Dezembersonne sie scheint in Ewigkeit

Die Drohne

Da, wo ich wohne
Da flog ne Drohne

Sie flog ganz oben
In hohem Bogen

Mit lautem Tosen
Über meine Rosen

Dann durch die Bäume
Und um die Zäune

In das Vogelnetz
Und da hängt sie jetzt!

Die Kralle

Ich kannt mal eine Tanne
Und die war gar nicht bange
Trotzdem die Fäller kamen bald
Stand sie in ihrem Wald

So beugte sich die Tanne
Und sah nach jedem Manne
In freudiger Erwartung
Denn sie brauchte die Beratung

Beide waren gut gelaunt
Und niemand war erstaunt
Als sie sich daran machte
Sie entblätterte sich sachte

Wenn sie ein Mensch gewesen
Wäre sie genesen
Aber in diesem Falle
Blieb am Ende nur die Kralle!

Die Liebe, die du meinst

Die Liebe, die du meinst
Für die du Tränen weinst
Die Liebe im Leben
Die dein Wollen eben

Die Liebe ist das Maß
Für das du wolltest was!
Du willst diese Liebe
Willst mit allem Triebe

Und sie läßt dich gehen
Ohne Liebe stehen
Du bist allein nun hier
Und ein Schatten bei dir

Was also zu tun?
Nur stehen und ruhn?

Nein, dein Leben passée
Geh raus, mach ein Karrée

Die Liebe zu Dir

Mit Sonne und mit Licht
Begann der Tag, Dich gab es nicht

Wie ein Blitz, Du warst da
Mit einem Mal - und was geschah?

Ganz anders mein Leben
Was geordnet bis noch eben

Nie gekannt was in mir
Nur noch die Liebe zu Dir

War alles wie schweben
Niemals zuvor in meinem Leben

Und ganz schnell kam der Fall
Weiß nicht warum und ohne Knall

Es war so, daß es aus
Bevor verstanden, was für ein Graus

Du warst weg, nicht mehr da
Alles für mich war nicht mehr wahr!

Mich verletzt, getötet
Hast mich getäuscht, bist nicht errötet

Gedanken, nur ein Traum
Wirst nie mehr sein – als warst Du Schaum!

Die Nacht aufsaugen

Müde und so matt
Total breit und platt

Schlafen, Augen zu
Einfach nur noch Ruh´

Aber, daß es geht nicht
Das liegt nicht am Licht

Findest keinen Schlaf
Hast gezählt so viele Schaf

Deine Gedanken kreisen
Und schlagen weite Schneisen

Den Sinn des Lebens suchen
Alles andere verfluchen

Die Liebe ist hinweg
Und alles ohne Zweck

Du willst kein neues Leben
Mit keiner andern schweben

Die Eine dich betrogen
Die Andre nur gelogen

So sind wohl alle
Du gingst in ihre Falle

So bist du am Ende
Der, der ohne Hände

Du schließt die Augen
Und willst die Nacht aufsaugen!

Die Welt erwacht

Das Dunkle geht
Der Schleier hebt
Tag fällt ein
Mit Sonnenschein

Bienen summen
Hummeln brummen
Vögel zwitschern
Blätter glitzern

Menschen hasten
Aus ihrem Kasten
Die Ruhe geht
Und Lärm entsteht

Autos knattern
Bahnen rattern
Hunde bellen
Klingeln schellen

Die Welt erwacht
Nach jeder Nacht
Seit alter Zeit
In Ewigkeit

Die Welt wird bunt

Wir leben modern
Tradition ist fern

Und was wir schaffen
Das sind auch Waffen

Sie bringen Kriege
Und nicht nur Siege

Der Wald verschwindet
Man dort Rinder findet

Viele Tiere gehen
Ist nicht zu verstehen

Pflanzen schwinden auch
Aufgelöst in Rauch

Menschen sind überall
Bringen die Natur zu Fall

Überall alles ist
Nichts wird mehr vermißt

Die Welt wird bunter
Und geht so unter

Dir gegeben

Meine Liebe lebt
Mein Geist, der schwebt
Ich bin allein
Und will es sein

Ich denke nach
Und liege wach
Ich will sehen
Und nicht gehen

Will mit Augen
Dich nur saugen
Will es wissen
Warum müssen

Meine Liebe
Die mir bliebe
Ist von dannen
Ohne Tannen

Ist nun hinfort
Zu jenem Ort
Den nicht kenne
Und nicht nenne

Will Dich nur für
Mich vor der Tür
Denn mein Leben
Dir gegeben

Doch nur Mist

Nix und mehr
Ein Gewehr
Hier und jetzt
Ist gesetzt

Alles da
Ist fürwahr
Für mich auch
Nur im Bauch

Das Gefühl
Ist Gewühl
Und sofort
Andrer Ort

Leben ist
Manchmal Zwist

Und mit Dir
Wär´ ich hier

Du bist weg
Ohne Zweck
Und ich bin
Schon dahin

Was ist da
Es geschah
Liebe ist
Einfach Mist

Doch wie Wände

Wenn ich gehe
Und nicht stehe
Wenn ich sehe
Und nicht flehe

Wenn ich laufe
Und nicht saufe
Wenn ich taufe
Und nicht kaufe

Wenn ich bringe
Und nicht ringe
Wenn ich schwinge
Und nicht singe

Wenn ich liebe
Und nicht bliebe
Wenn ich triebe
Und nicht schiebe

Wenn ich fliege
Und nicht liege
Wenn ich biege
Und nicht siege

Dann am Ende
Sind die Hände
Ohne Bände
Doch wie Wände!

Dunkel und Schwarz

1960
Ein Neger in der schwarzen Nacht
Alleine zu dem Moor er ging
Eh er wußte, was er gemacht
Nur noch der Finger an dem Aste hing
Pech gehabt!

2020
Ein mit Pigmenten Gesegneter
In maximaler Form
In der sonnenarmen Zeit
Unwissend seines Tuns

Zu dem nicht weißen Wasser ging
Welches schwer und pigmentiert lastete
Er darin versank
Ein Licht leuchtete herab!

Durch ihr Tun

Wenn du strebst
Immer lebst
Alles gibst
Wenn du liebst

Sonne scheint
Niemand weint
Alles hell
Wunderschnell

Und der Mond
Der hier wohnt
Gibt sein Licht
Jede Schicht

Und du strahlst
Freude malst
Denn in dir
Liebe schier

Wenn du dann
Irgendwann

Eine siehst
Und nicht fliehst

Dein Leben
Ein Beben
Deine Welt
Licht erhellt

Wenn sie dann
Irgendwann
Ihr Gesicht
Stellt ins Licht

Und ihr Ich
Tötet dich
Weil ihr Sein
Ist gemein

Denn es tut
Für ihr Blut
Nur das, was
Ihr macht Spaß

Und du dann
Bist der Schwamm
Der es saugt
Der nichts taugt

Dein Leben
Wird eben
Durch ihr Tun
Ewig ruhn!

Du warst und bist

Ich will sehen
Muß gehen
Weil Du bist da
Noch nah

Im Geiste aber
Gelaber
Bist nun entfernt
Hab´ gelernt

Alles nur Schein
Kein Sein
Mein ganzes Herz
Im Schmerz

Keine Liebe
Aber Hiebe
Denn Dein Leben
Daneben

Und dann durch mich
Für Dich
Neues Leben
Beben

Aber dann warst Du
Im Nu
Ganz gewandelt
Nicht verbandelt

Vorbei und weg
Denn der Zweck
Erfüllt von mir
Mit Dir

Ganz oben Du
Für mich zu
Mußte scheiden
Leiden

Du nur für Dich
Ohne mich
Hab´ nur geträumt
Und versäumt

Doch die Wahrheit
Klarheit:
Du warst und bist
Nur Mist!

Eichhörnchen im Winter

Am Himmel die Sonne steht
Aber sie schnell vergeht

Denn ihr heller Schein, der ist
Nur von sehr kurzer Frist

Das Jahr ist vorgeschritten
Vom Winter hart geritten

Was im Sommer noch blühend
Ist nun ganz verglühend

Regen, Kälte und auch Schnee
Spürt man im kleinen Zeh

Die Früchte längst gefallen
Nur noch Nebel wallen

Wer im Sommer nicht gesorgt
Der bekommt nichts geborgt

Der aber hat gesammelt
Und nicht nur gerammelt

Das Frühjahr wird erleben
Wenn es ihm gegeben

Einerlei

Wenn du hast im Leben
Immer viel gegeben

Ist in dir die Leere
Eine große Schwere

Wenn es dir genommen
Was du hast bekommen

So die Hoffnung schwindet
Und der Geist erblindet

Denn ohne Liebe ist
Das Leben nur noch Mist

Was soll Freude bringen?
Alles voller Schlingen

Der Teufel heiter lacht
Weil du es so gemacht

Für ihn hast du gelebt
Bist hoch hinaus geschwebt

Je tiefer ist der Fall
Bis hin zum letzten Knall

Und wenn der ist vorbei
Ist alles einerlei!

Eine Sims von Dir

Eine Sims von Dir
Ist Nachricht zu mir
Sie sagt ein Hallo
Und wo bist Du, wo?

Eine Sims von Dir
Sie gratuliert mir
Und wünscht Gutes
Bist guten Mutes?

Eine Sims von Dir
Und was sagt sie mir?
Der Blick geht zurück
Denke ich an Glück?

Eine Sims von Dir
Was hast Du gedacht?
Sie war nur für Dich
Und Hülle für mich!

Erkenntnisse und so...

„Abends ist es warm, morgens wird es
vorne Auto!"
„?"
„Kühler!"

Bei mir darf man den Kühlschrank im Winter
Nicht zu lange auflassen - sonst kühlt er aus!

Dasch ist mein Lade und Ariel mein
Waschmittel!

„Das war ganz witzig!"
„Ja, Ente traurig; Gans witzig!"

Der frühe Malbelch tritt in die frischen Elchpops!

„Es ist immer wieder erstaunlich, wie Viele genesen sind, ohne zu sterben...“

Geben im Leben heißt:
Weniger Nehmen!

„Gemeinsam sind wir stark (gefährdet)!“

Hab i auf de Blümchen Mar ge ritte!

„Heute hat eine ehemalige Klassenkameradin von mir Geburtstag, Petra völlig losgelöst!“
„Völlig losgelöst?“
„Schilling!“

„Izmir?“ „Iß mich!“

Jeder trifft einmal im Leben seine große Liebe!
Einmal!

Kinder und Betrunkene sagen die Wahrheit.
Und betrunkene Kinder?

Mausi: „Ach, das ist ja gar kein weiches Ei!"
Maja: „Steht doch drauf: 6 Minuten gekocht!"
Mausi: „Na, hätte doch sein können, daß die
hier weiches Wasser haben!"

Mehrere Glaser sind keine Gläser!

Nächsten Monat habe ich Ravioli!

Nur, weil ich eine Macke habe,
heißt das ja nicht, daß ich blöd bin!
Wenn die Endlichkeit unendlich wäre,
wäre sie doch zu kurz!

Was macht man in Indien?
Kühe umfahren!

Was sagt man zu seiner Frau,
wenn sie den Teig vorbereitet?
Du siehst ja rührend aus!

Wer keine Zeit hat, teilt sie sich falsch ein!

Wir hatten einen magischen Moment
Und wir haben ihn verstreichen lassen!

Wir müssen weg von der Planung
von Personen
Hin zur Planung
Von Zeiträumen und Tätigkeiten!

Zu zweit einsam liegend im Zelt.

Erneut

Ein Eichhorn springt im Wald
Es sucht nach einer Höhle bald

Wenn es sie hat gefunden
Dann wird sehr schnell gebunden

Er zieht dort ein mit ihr
Und sie haben der Kinder vier

Die Kleinen wachsen schnell heran
Und bevölkern deinen Garten dann

Sie laufen überall und quer
Sie nicht zu treten, fällt dir schwer

Doch dann sehr schnell behende
Ist ihre Jugendzeit zu Ende

Sie gehen fort und streifen
Um sodann heran zu reifen

Wenn dann blüht der Flieder
Kommen sie schon wieder

Und alles was du hast gesehen
Wird nun erneut geschehen

Erschlaffend und aus

Liegend alleine
Spürend die Beine
Sehnend danach
Verwinden die Schmach

Liegend alleine
Öffnend die Beine
Schauend hinunter
Sich regend recht munter

Liegend alleine
Bewegend die Beine

Die Mitte erhebend
Beginnend und bebend

Liegend alleine
Schließend die Beine
Ergießend hinaus
Erschlaffend und aus

Erwachen

Wenn die Biene fliegt
Der Schnee versiegt
Wenn der Krokus blüht
Die Nacht verglüht

Wenn die Glocke klingt
Der Frühling singt
Wenn der Frosch aufsteht
Der Winter geht

Wenn das Wasser fließt
Dann alles sprießt
Wenn mein Herz laut schlägt
Sich Liebe regt

Erweckt

Die Sonne scheint vom Himmel
Ich seh auf meinen Pimmel

Da stellt sich mir die Frage:
Was ich ihm heute sage

Denn er fragt mich jeden Tag
Ob ich was hab, das er mag

Und wenn „Nein" die Antwort ist
Dann sagt er: „Was für ein Mist!"

So bin ich denn am Suchen
Unter Eichen, unter Buchen

Und wenn ich hab gefunden
Dann ist er schon gewunden

Und wenn er hat Gefallen
Was er gesehn an Allem

Dann ganz hoch er steigt empor
Sucht die Öffnung in dem Tor

Sein Geist, der ist geweckt
Wenn er sie hat entdeckt

Langsam schiebt er sich hinein
Will nie mehr woanders sein

Alles fließt aus ihm heraus
Und die Geschicht´ ist aus!

Es ist das Paradies

Wenn die Sonne geht
Der Mond am Himmel steht
Dunkelheit umfängt
Und Wehmut in dich drängt

Leben schwebt vorbei
Alles ist nun einerlei
Wabendes Feuer
Ist dir nicht geheuer

Licht ist geronnen
Dunkle Mächte kommen
Sie greifen nach dir
Wollen es nehmen mir

Keine Flucht davor
Mußt gehen durch das Tor
Sie drücken, schieben
Nichts ist mir geblieben

Was du siehst dann dort
An jenem fremden Ort
Das zeigt dir sehr klar
Wie dumm dein Handeln war

Nicht die Hölle ist
Da, wo du jetzt nun bist
Und auch kein Verlies
Es ist das Paradies

Es war einmal

Es war einmal und ist nicht mehr
Es war einmal und fällt dir schwer

Es war einmal und ist nicht mehr
Es war einmal und du bist leer

Es war einmal und ist nicht mehr
Es war einmal und du fragst: Wer?

Es war einmal und ist nicht mehr
Es war einmal und lange her

Es war einmal und ist nicht mehr
Es war einmal und weckte dein Begehr

Es war einmal und ist nicht mehr
Es war einmal und fehlt dir sehr

Es ist einmal und wird dann sein
Es ist einmal: Nicht mehr allein!

Es war Liebe

Sie lebt im Eis
Und ist ganz weiß

Es war Gefahr
Als ich sie sah

Das erste Mal
Ich ohne Schal

Von mir ein Kuß
Für sie Genuß

Das war der Preis
Sie fand mich heiß

Mich graute nur
Vor der Figur

Ich wollte nicht
Mit diesem Wicht

Wenn aus der Qual
Hatt keine Wahl

So gab ich ihr
Den Kuß von mir

Als sie berührt
Hab´ ich gespürt

Die alte Welt
War umgestellt

Mein Leben neu
Ganz ohne Scheu

Alles in mir
Wollte zu ihr

In einem Nu
Paßte der Schuh

Ich wußte nun
Was ist zu tun

Mein Herz drängte
Zu ihr zwängte

Nur ein Moment
Nie mehr getrennt

Keine Triebe
Es war Liebe

Fallen

Du hast gezittert
Und hast gebebt
Du warst zerknittert
Und hast gelebt

Du warst im Himmel
Und ganz weit oben
Es war Gebimmel
Und endlos toben

Du warst geboren
Und wie befreit

Warst auserkoren
Und warst gefeit

Du warst am Ende
Und wie zerstört
Warst ohne Blende
Und ungehört

Familienfeier

Es qualmt und stinkt
Ein jeder frißt und trinkt

Die Einen lachen laut
Die Andern kauen Kraut

Der Qualm zur Decke steigt
Der Rest im Glase neigt

Die Katze wundert sich
Der Köter nervt nur mich

Das Lied klingt ganz froh
Die Minen sind nicht nur so

Zum Spaß lacht der Eine
Der Andre nur zum Scheine

Federvieh

Wird es morgens hell
Ertönt nicht nur Gebell
Auch das Tier mit Federn
Fängt gleich an zu Zetern

Geht die Sonne unter
Bleibt das Viech auch munter
Erst im großen Topf
Ist Schluß mit dem Gehopf

Fern der Liebe

Fern der Liebe
Liegt ein Ort
In den Wolken
Ganz weit fort

Fern der Liebe
Wo du lachst
Alles Schöne
Du da machst

Fern der Liebe
Sonne scheint
Und ist niemand
Der da weint

Fern der Liebe
Ist vergessen
Was auf der Welt
Du besessen

Fern der Liebe
Ist Leben
Und neue Kraft
Gegeben

Fern der Liebe
Scheint der Mond
Sterne glitzern
Wie gewohnt

Fern der Liebe
In dem Land
Bist du allein
Und verbannt

Fest im Leben

Stehe fest im Leben
Dachte ich bis eben

Dann ein kleiner Knick
Und du liegst im Schlick

Was gut und wunderbar
Ist nun nicht mehr wahr

Vergangen und schon weg
Liegst du tief im Dreck

Gefühle weit hinfort
Willst du zum andern Ort

Doch gibt es den nicht mehr
Dein Herz ist tonnenschwer

Am Boden ohne Liebe
Nichts, was dir noch bliebe

Zum Himmel hoch empor
Alles, was in dir erfror

Zurück der tote Rest
Der dich nicht mehr verläßt

Ohne Seele ohne Sinn
Fließt du so dahin

Und am Ende bleibt
Nicht einmal dein Leib!

Fließend

Geht mein Leben dahin
Ohne zu wissen, wer ich bin
Fließt mein Leben vorbei
Und alles ist einerlei

Geht die Sonne unter
Ohne den Mond zu kennen
Ist die Nacht nur dunkel
Du erliegst ihrem Gefunkel

Fließt das Wasser weg
Ohne jedwegen Zweck
Denkst du ohne Wort
Ist alles von dir fort

Sind Sterne verschollen
Ohne ihr eigenes Wollen
Ist das Licht der Welt
Nicht mehr am Himmelszelt

Wenn strömt der Tod vorbei
Ohne einen einzigen Schrei
Dann wirst du es sehen
Und kannst zufrieden gehen

Geboren in die Welt

Mein Leben schleicht dahin
Ich denke, daß ich bin
Geboren in die Welt
Zum Leben her bestellt

Die Mutter ohne Vater
Als Kind sehr viel Theater

Gewachsen sehr allein
Im Traum immer zu zwein

Gesucht nach dem Andern
Immerzu am Wandern
Gefunden und gedacht
Gefreut und auch gelacht

Und Sonne scheint ganz hell
Und Leben geht so schnell
Und Du bist mein Leben
Ich wollte meins Dir geben

Am Ende bin ich allein
Und will nicht wirklich sein
Das Leben ist geblieben
Den Tod vor sich herschieben

Du willst nicht sein allein
Du willst zusammen sein
Du bist nicht wirklich schlecht
Denn die Gefühle, die sind echt

Doch niemand will es sehen
Alle lassen sie dich stehen
So bist du am Ende
Allein mit deiner Lende

Und wenn du gehst hinfort
Von diesem schönen Ort
Dann denkt an dich nicht einer
Denn menschlich ist hier keiner

Gebote

Behandele den Anderen so
Wie Du von ihm behandelt werden willst

Achte das Eigentum des Anderen
So wie Du willst, daß der Andere Dein Eigentum
achtet

Respektiere die Rechte des Anderen
Wie Du willst, daß er Deine Rechte respektiert

Füge Keinem ein Leid zu, es sei denn
Du verhinderst dadurch noch größeres Leid

Verletze oder töte Niemanden, es sei denn
Du wirst dazu gezwungen, um Dich zu retten

Liebe und Verständnis gegenüber den Anderen,
ja - Dummheit und Selbstzerstörung, nein

Gehen

Gehen
Stehen
Sehen

Liegen
Biegen
Siegen

70

Harfen
Schlafen
Strafen

Treiben
Reiben
Schreiben

Erben
Werben
Sterben

Heimat

In Kiel, da lebt die Sprotte
Im Wald die Wildschweinrotte

Ein Nest, das baut der Vogel
Das Eichhorn hat sein Kogel

Der Specht, der wohnt im Baume
Der Holzwurm in dem Zaune

Dein Herz, das wohnt bei mir
Drum bin ich hier bei Dir!

Her Own Way (Alte Fassung)

When her mother died
She was only ten
Her father taken prisoner
For murdering his wife
She came to her uncle then

He was a drinker, always beating
It was not right
Never plays with her
She didn´t slept at night

Her heart filled with tears
She had to go her own way, full of fears

At the age of sixteen
She got a child
Had to leave school
Looking for a job
Never smiled

She didn´t knew the father
Thought is was Bob
Didn´t got a job
Her heart filled with tears
She had to go her own way, full of fears

At the age of twenty
Having not enough to live

The only thing to give
She got another child
Starting stealing long ago in the past
Now she took everything she could
Being caught at last

Her heart filled with tears
She had to go her own way, full of fears

She left the prison
At the age of twenty-five
Wanted to start a new and better life

Her children have not been given back to her
A real nightmare
Having no education, she didn´t got a job

Her heart filled with tears
She had to go her own way, full of fears

At the age of twenty-seven
Looking for heaven
She met a man
Told he loves her, got married then

The children came home to her mother
But they didn´t knew each other
One day her man beats her up in the wood
She remembered her own childhood

Her heart filled with tears
She had to go her own way, full of fears

At the age of thirty, drinking every day
Her heart stood still and she ends her way

Her Own Way (Neue Fassung)

1)

When her mother died she was only ten
Her father taken prisoner for murdering his
wife
She came to her uncle then
He was a drinker, always beating
It was not right
Never played with her,
She didn´t slept at night

Her heart filled with tears
She had to go her own way

2)

At the age of sixteen she became a child
Had to leave school, looking for a work
Never smiled
She didn´t knew the father,
Thought it was Bob, didn´t got a job

Her heart filled with tears
She had to go her own way

3)

At the age of twenty, having not enough to live
She became another child - the only thing to
give
Starting stealing long ago in the past
Now she took everything she could,
Being caught at last

Her heart filled with tears
She had to go her own way

4)

She left the prison at the age of twenty-five
Wanted to start a new life
Her children were not given back to her
Having no education, she didn´t got a job
A real nightmare

Her heart filled with tears
She had to go her own way

5)

At the age of twenty-seven
Looking for heaven
She met a man
Told he loves her, got married then
The children came home to her mother
But they didn´t knew each other

One day her man beat her up in the wood
She remembered her own childhood
Her heart filled with tears
She had to go her own way

6)

At the age of thirty
Drinking every day
Her heart stood still
And she ends her way

Ich bin gut

Bin im Licht
Ein kleiner Wicht

Ist es dunkel
Viel Gefunkel

In der Sonne
Keine Nonne

Viele Leute
Heulen heute

Die da dachten
Mich mißachten

In dem Glauben
Es zu rauben

In der Schwäche
Die ich räche

Und am Ende
Die Legende

Bis auf´s Blut
Ich bin gut!

Ich schau empor

Im Wald, da steht ein Baum
Ganz nah dabei ein Zaun
Ich war an diesem Ort
Doch jetzt bin ich schon fort

Ich steh auf einer Schwelle
Weit weg, an andrer Stelle
Zum Himmel ich schau empor
Und kratz mich hinterm Ohr!

Ich werd Dich immer lieben

Die Biene fliegt zur Blume
Der Spatz hat seine Krume

Die Wolken ziehn am Himmel
Der Neger hat nen Schimmel

Und Du kannst nun verweilen
Bei diesen, meinen Zeilen

Ich hab sie auch für Dich geschrieben
Denn, weil: ich werd´ Dich immer lieben

I Know You Know That I Know

1)
When I saw you yesterday
I was not with you
The man who walked by your side
Was a stranger I had never seen before

I Know You Know That I Know
I Know I Know That You Know
I Know You Know That I Know

2)
He was tall and he looked quite good
You seemed to be happy with him
His skin was like dark wood
Oh - I know
You didn´t thought of me
Your lips touched his
And a smile running over your face
And I missed your kiss

I Know You Know That I Know
I Know I Know That You Know
I Know You Know That I Know

3)
I followed you and you went home with him
For hours I saw the light in your room
Suddenly - dark ,
I assed and then I went home -
Feeling like a groom - Ooh:

I Know You Know That I Know
I Know I Know That You Know
I Know You Know That I Know

4)
Next day you came to me
Your kiss was like the other day
I looked at you and you smiled at me
Oh! How wonderful life could be!

I Know You Know That I Know
I Know I Know That You Know
I Know You Know That I Know

Im Garten

Bist du im Garten
Greifst du zum Spaten

Du siehst am Baume
Nicht nur die Pflaume

Die Frösche quaken laut
Wovon jeder nicht erbaut

Die Amsel baut ihr Nest
Das wird ein Wiegenfest

Scheint die Sonne länger
Läuft der Rasensprenger

Wenn alles ist am Sprießen
Heißt es dann: Genießen!

Im Wald bei Franken

Bist du im Wald bei Franken
Da fallen alle Schranken

Bist du im Wald bei Franken
Freuen sich nicht nur die Tanten

Bist du im Wald bei Franken
Brauchst du nicht mehr tanken

Bist du im Wald bei Franken
Siehst überall du Ranken

Bist du im Wald bei Franken
Sind da nicht nur die Schlanken

Bist du im Wald bei Franken
Schlägst du dir auf den Blanken

Bist du im Wald bei Franken
Greifst du in ihre Flanken

Bist du im Wald bei Franken
Kommt alles schnell ins Wanken

Bist du im Wald bei Franken
Ist es wie als Götter tranken

Bist du im Wald bei Franken
Ziehen fort dann die Gedanken

Bist du im Wald bei Franken
Da wo sie tief in ihr versanken

In der Ewigkeit

Sonne im Herzen
In den Gliedern Schmerzen

Erinnerung quält
Gegenwart zählt

Liebe ist verloren
Du bist auserkoren

Dein Ende zu sehen
Bedeutet Verstehen

In der Ewigkeit
Ist vergessen alles Leid!

In der Halle

In der leeren Halle
Ist in jedem Falle
Viel Platz und Raum
Um sich um zu schaun

Es kommen manche Leute
Gestern, morgen, heute
Sie gehen hin und her
Das Warten fällt sehr schwer

Und die Stimme spricht
Was alles darfst du nicht
Auf der großen Tafel dann
Zeigt man die Zeit dir an

Bald nun geht es endlich los
Die Tasche steht auf deinem Schoß
Du springst zur Türe hin
Und bist schwupps im Flieger drin

In der Hoffnung, daß es auch gefällt!

O Buhchen mein
Dies Buch soll Dein nun sein

Es spielt nicht in Malbuhn
Und hat damit auch nichts zu tun

Dem besten andern Buh der Welt
In der Hoffnung, daß es auch gefällt!

In der Regel

In der Regel
Sinkt der Pegel
In der Natur
Ist alles pur

In dem Wasser
Ist es blasser
Und am Himmel
Ist kein Schimmel

In den Fluten
Fallen Gluten
In den Mooren
Nisten Sporen

In den Schluchten
Gibt es Buchten
Und im Vulkan
Faßt keiner an

In den Gärten
Gibt es Härten
In den Städten
Sind die Späten

In den Bauten
Liegen Flauten
Und im Dunkeln
Ist kein Funkeln

In der Liebe
Gibt es Hiebe
In der Trauer
Ist man sauer

In den Zeiten
Sind die Weiten
Und die Mode
Führt zum Tode

In weiter Nacht

Helle Dunkelheit
In weiter Nacht

Tiefe Einsamkeit
Darüber wacht

Dunkle Helligkeit
In weiter Nacht
Starre Traurigkeit
Darüber wacht

Trockne Feuchtigkeit
In weiter Nacht
Hohe Nichtigkeit
Darüber wacht

Feuchte Trockenheit
In weiter Nacht
Tote Zweisamkeit
Darüber lacht

Jahreslauf

Im Tal da liegt noch Schnee
Das tut den Pflanzen weh
Und auch die vielen Tiere
Verstehen die Vogelmiere

Wenn der Schnee dann taut
Werden Blüten aufgebaut
Und die Bienen kommen
Alles wird genommen

Im Herbst da wird es kälter
Auch die Pflanzen sind jetzt älter
Sie legen sich hernieder
Und komm´ im Frühling wieder

Jugend

Sie gehen
Sie stehen

Sie laufen
Sie saufen

Sie denken
Sie lenken

Sie sollen
Sie wollen

Sie fühlen
Sie wühlen

Sie strahlen
Sie prahlen

Sie sitzen
Sie schwitzen

Sie trinken
Sie sinken

Sie wenden
Sie enden

Kannst es nicht mehr sehen

Das Virus ist jetzt da
Das früher der nur war
Mit dem Artikel neu
Ist es jetzt ohne scheu

Es kommt ganz heimlich an
Ganz schnell hast du es dann
Keine Mittel sind dagegen
Es kommt auf allen Wegen

Es kann schalten, walten
Erst sterben dann die Alten
Die Jungen, schwupp, danach
Der Staat, wann wird er wach?

Geschlossen, zu, lock down
Für das Virus ist´s kein Zaun
Es freut sich und mutiert
Gibt nichts, daß es erfriert

Und das Impfen, Spritzen
Alles wird nichts nützen
Es wächst und es gedeiht
Und Rettung ist so weit

So wird am Ende sein
Der Virus ganz allein
Dann wird er vergehn
Kannst es nicht mehr sehn

Laufen

Du stehst am Rande
Und spürst die Schande
Du willst jetzt laufen
Und danach saufen

Es ist dein Leben
Das ging daneben
Du hast es gemacht
Und jeder hat gelacht

Nichts hast du gemerkt
Hast sie noch gestärkt
Du warst die Beute
Spiele für die Meute

Als du gesehen
War es geschehen
Und zu spät für dich
Hat sie verraten sich

Kein Zurück war mehr
Alles für dich leer

Es war wie fliegen
Nichts ist geblieben

Nun bist du allein
Und wirst einsam sein
Die Liebe ist vorbei
War nichts mit uns zwei!

Lieben

Gehen
Stehen
Laufen
Saufen

Hören
Stören
Riechen
Kriechen

Lachen
Krachen
Lieben
Schieben

Ätzen
Wetzen
Leiden
Scheiden

Sterben
Erben
Fühlen
Wühlen

Denken
Lenken
Schweben
Leben!

Meine Freundinnen

Die Erste, die war blond
Und hat sich gern gesonnt
Sie liebte alle Männer
Wir fanden keinen Nenner

Feuer war in der Zweiten
Ich glühte schon von Weitem
Doch hielt sie nichts von Treue
So versuchte ich´s auf´s Neue

Jugend gab die Dritte
Ich fand dort meine Mitte
Doch habe ich es versaut
Weil ihr nicht so recht getraut

Aus Aachen war die Vier
Sie hat sehr gefallen mir

Doch ihre Herkunft eben
Paßte nicht zu meinem Leben

Ich traf die Fünf im Norden
Wir sind ein Paar geworden
Doch sie war zu weit
Das hat uns dann entzweit

Dann kam die Nummer Sechs
Eine kleine, süße Hex´
Wollte sie für ein Leben
Und hab´ sie aufgegeben

Danach dann die Sieben
Sie ist recht lang geblieben
Und als sie ging hinfort
Fehlte mir jedes Wort

Danach sodann die Acht
Da hab´ ich ernst gemacht
Doch sie hat es verstanden nie
Und wollte mich anders irgendwie

Die Neun war die Letzte
Die mich dann besetzte
Sie war nur Schein, nicht Sein
Drum bleibe ich jetzt allein!

Mein Im

Mein Leben
Im Geben
War Schweben
Im Eben

Mein Kummer
Im Schlummer
War Sterben
Im Werben

Mein Trauern
Im Schauern
War Lösen
Im Bösen

Mein Sehen
Im Gehen
War Säbel
Im Nebel

Mein Enden
Im Wenden
War Beginn
Im Dahin

Mit Dir nie wieder

Mich betrogen
Mich belogen

Für Dich mein Leben
Für Dich gegeben

Mit Dir zusammen
Mit Dir gegangen

Mich gesehen
Mein Vergehen

Für Dich gewonnen
Für Dich zerronnen

Mit Dir ganz oben
Mit Dir verschoben

Mich vergessen
Dich besessen

Für Dich verlassen
Für Dich nur hassen

Mit Dir die Sonne
Mit Dir nicht Nonne

Mich verloren
Du vergoren

Für Dich geblendet
Für Dich geschändet

Mit Dir im Flieder
Mit Dir nie wieder!

Mit Snöa leben

Glaubt es oder glaubt es nicht
Meine Freundin ist ein Wicht
Sie lebt im hohen Norden
Im Land der wilden Horden

Ein Gletscher, das ist ihr Haus
Dort geht sie ein und aus
Sie wohnt dort nicht alleine
Es gibt noch sehr viel Beine

Der Wichtel Zahl, die ist groß
Viele Kinder sind im Schoß
Fremde kommen dort nicht rein
Denn ihr Haus, das ist geheim

Sie leben still und einsam
Doch mit sich sind sie gemeinsam
Kein Krieg und keine Waffen
Weiß nicht, wie sie das schaffen

Doch werde ich es lernen
Und mich vom Mensch entfernen

Denn mit Snöa leben hier
Das scheint nun möglich mir

Die Wärme ihrer Kälte
Mein Puls nach oben schnellte
Ich werd´ mit Snöa leben
Und was ich hab´, ihr geben

Namibia

Viel Sand gab ihm den Namen
Des Grautiers Sprache ist sein Amen

Trotz Freiheit in dem Land
Halten doch viele ihren Rand!

Kannst Du die Antwort singen,
Darfst Du zum Start mich bringen!

Nicht

Nicht sehen
Nicht stehen
Nicht fallen
Nicht krallen

Nicht laufen
Nicht taufen

Nicht harfen
Nicht strafen

Nicht bellen
Nicht stellen
Nicht springen
Nicht bringen

Nicht hören
Nicht stören
Nicht liegen
Nicht biegen

Nicht beten
Nicht treten
Nicht lachen
Nicht machen

Nicht lieben
Nicht schieben
Nicht sterben
Nicht erben

Nicht allein
Nicht zu zwein
Nicht finden
Nicht binden

Nicht ohne Dich

Nicht ohne Dich
Will lieben ich

Nicht ohne Dich
Will leben ich

Nicht ohne Dich
Will küssen ich

Nicht ohne Dich
Will essen ich

Nicht ohne Dich
Will trinken ich

Nicht ohne Dich
Will schlafen ich

Nicht ohne Dich
Will reisen ich

Nicht ohne Dich
Will sterben ich

Doch ohne Dich
Fühl´ besser mich!

Nichts mehr da

Du hast gehört
Warst nicht verstört

Hast genommen
Mit den Sonnen

Warst im Leben
Bei mir eben

Und Dein Sinnen
War im Rinnen

Bist zu mir dann
Und ich wußte wann

Am Ende ja
War nichts mehr da!

Nie

Nie Dich spüren
Liegend im Zelt
Nie verführen
Zwischen Autotüren

Nie bereisen
Ferne Länder

Nie dort speisen
Wo sind Hochzeitsbänder

Nie Dich sehen
Stehen in Weiß
Nie aufstehen
Nach den Nächten so heiß

Nie zu schauen
Die Ewigkeit
Nie erbauen
War nur für kurze Zeit

Nie mehr zurück

Am Rande einer Wüste
Sah ich Deine Büste

Ich war sogleich verfallen
Dir und auch dem allen

Ich wollte Dich nur finden
Und an mich dann binden

So zog ich durch das Land
Bis am Ende ich Dich fand

Deine Büste war ein Zauber
Ich nicht mehr ganz sauber

Nach einem kurzen Bade
Griff ich nach Deiner Wade

Du ließest es geschehen
Ich wollte nicht mehr gehen

So führte mich die Büste
Ganz quer durch die Wüste

Hin bis zu meinem Glück
Und ich will nicht mehr zurück

Nur Nacht

Nicht Regen
Nicht Sonne
Nicht Licht
Nicht Schatten

Nur Ahnen
Nur Sehnen
Nur Hoffen
Nur Weilen

Nicht Leben
Nicht Bleiben
Nicht Lieben
Nicht Fühlen

Nur Sterben
Nur Leiden
Nur Dunkel
Nur Nacht

Nur Traum

Es ist geschehen
Du hast es erlebt
Du hast es gesehen
Du hast gebebt

Dein Kopf ist voll noch
Und doch ein Loch
Du denkst daran zurück
An jenes Glück

Du willst es töten
Dich befreien von Nöten
Wieder neu beginnen
Mit den Sinnen

Doch ihre Geister
Kleben wie Kleister
Sie hängen im Innern
Sie jammern, wimmern

Sie ergreifen dich
Und laben sich

Sie lähmen dein Leben
Sie über dir schweben

Und dann zerfressen
Von ihr besessen
Ist Sonne auch dunkel
Kein Gefunkel

Es ist vergangen
Nebel verhangen
Alles ist so wie Schaum
Es war nur Traum

Ohne Dich zu leben

Ohne Dich zu leben
Das heißt, am Boden schweben
Das heißt, sich hungrig essen
Und alles nur noch vergessen

Ohne Dich zu leben
Das heißt, kein Leim zum Kleben
Das heißt, kein Heiß und Kalt
Und du bist nur noch alt

Ohne Dich zu leben
Das heißt, keine Kraft zu Geben
Das heißt, verloren und allein
Und am Ende nicht mehr sein

Regentag

Ich bin grad´ aufgewacht
Und hab´ an nichts gedacht
Es sieht sehr grau noch aus
Vor dem Fenster in dem Haus

Ich sollte nun aufstehn
Doch, um was zu sehn?
Das Bett ist warm und weich
Werd´ es nicht verlassen gleich

Der Himmel gibt den Regen
Für die Pflanzen ist es Segen
Du machst das Radio an
Das spielt Musik sodann

Ganz schwer sind deine Lider
Du schließt die Augen wieder
Die Träume kommen zu mir hin
Sobald ich eingeschlafen bin

Sehr zu meiner Wonne
Sitz´ ich dort in der Sonne
Sie brennt auf mich herunter
Dort ist alles bunter

Ich schau´ hinaus auf´s Meer
Und fühl´ mich wohl gar sehr

Vergessen ist der Regen
So ist er auch für mich ein Segen!

Ruhe

Wenn das Leben läuft
Und der Mensch nur säuft

Geht es so zu Ende
Das man denkt behende

Es ist nichts gewesen
Wo man konnt genesen

Es war Müll nur alles
Und im Falle eines Falles

Gibt der Tod dir Ruhe
Die du brauchst in dunkler Truhe

Sanft sie sehen

Bin im Garten
Und muß warten
Sehe Bäume
Keine Träume

Viele Blumen
Und die Krumen
Gräser helle
Küchenschelle

An dem Teiche
Eine Leiche
Ist nicht schwimmend
Blut gerinnend

Du fällst dann um
Mit großem Bumm
Liegst am Boden
Mit den Hoden

Als sie suchen
Unter Buchen
Und sich schinden
Dich dann finden

Ist alles gut
Und aus die Glut
Du träumst wieder
Von dem Flieder

Siehst sie vor dir
Auch ohne Bier
Sanft sie sehen
Und vergehen!

Scheiden

Strafen
Schlafen

Gehen
Stehen

Lauschen
Plauschen

Hören
Stören

Wollen
Sollen

Gieren
Stieren

Raufen
Saufen

Enden
Spenden

Beten
Kneten

Formen
Normen

Weiden
Scheiden

Schmerz gestochen

Ein leerer Raum
Man sieht ihn kaum
Ganz karg und leer
Stille lastet schwer

Ein Bächlein klein
Es fließt dort rein
Und dort hinaus
Aus diesem Haus

Der Spiegel steigt
Die Leere neigt
Dem Ausgang zu
Es staut im Nu

Die Höhle füllt
Und überquillt
Ein heller Schein
Schnell dort hinein

Der Damm, er bricht
Das Herz, es sticht
Hervor gebrochen
Schmerz gestochen

Leere Weite
Die eine Seite
Weite Leere
Tiefe Schwere

Schney ruft!

Schney ruft!
Hört ihr ihn?
Verspürt ihr nicht auch diesen Zwang?
Dieses Gefühl, das kein „Nein" duldet?
Laßt Euch treiben!
Gebt dem Drängen nach!
Folgt Eurer inneren Stimme!
Folgt ihr am 15.1.1983 um 19.00 Uhr in die
Deitmerstr. (es ist alles groß ausgeschildert!)
Schney erwartet Euch! (Wir auch).
Gabi, Clemens, Mausi.   EOVID unlimited.

Schöne Augen

Hast gesehen
Ist geschehen

An der Stelle
Auf der Schwelle

Bus am Halten
Viel Gestalten

Sie war eine
Nicht alleine

Und die Zweite
War ne Pleite

108

Auf der Seite
Volle Breite

Gegenüber
Du hinüber

Leichtes Schauen
Und Ergrauen

Denn sie blickte
Was verzückte

Braune Augen
In sie saugen

Nur noch hoffen
Wie besoffen

Endlos sehen
Nie aufstehen

Dann doch scheiden
Und nur leiden

Mut zu sagen
Sie zu fragen

Ängste lähmten
Wonach sehnten

Willst sie fühlen
Liebe spüren!

Sei nun froh

Der Tod ist Leben
Und im Sterben
Wird gegeben
Nicht nur den Erben

Etwas geht hinfort
Was Neues bringt
Zu fernem Ort
Von dem es singt

Du bist nicht allein
Es ist nicht so
Alles nur ein Schein
Drum sei nun froh!

Sie folgt mir immer

Sie folgt mir immer
Ich dachte, es ist vorbei
Sie folgt mir immer
Und ist im Hirn dabei

Sie folgt mir immer
Ich bin in meiner Wohnung
Sie folgt mir immer
Und ist keine Schonung

Sie folgt mir immer
Ich will nur meine Ruhe
Sie folgt mir immer
Und finde nicht mal Schuhe

Sie folgt mir immer
Ich will weg nur von ihr
Sie folgt mir immer
Und sie ist in meinem Mir

Sie folgt mir immer
Ich bin nicht nur noch ich
Sie folgt mir immer
Und will vergessen mich

Sie folgt mir immer
Ich bin total verloren
Sie folgt mir immer
Und am Ende dann vergoren

Simses

Als Test
Ein Fest
Der Worte
Und keine Torte
Die gibt es später
Für alle Ehrendater
Es grüßt Malbuh
Die Sims ist zu

Bald nun lacht der Osterhase
Aus dem Grase
Und mein Malbuhlein:
Seid ihr daheim?

Bin erwacht,
Hab´ an Dich gedacht!
Bitte sage mir:
Wo find´ ich Umschläge hier?
Du außerdem:
Ikk liebe Dir!

Dann viel Malbuhspaß
Hier wird es gerade naß
Mit Knall und Donner
Malbuhsommer!

Dein Mann ist hoch erfreut,
Daß es Dich gibt
Und hat es nie bereut,
daß er Dich liebt!

Der Malbuhner
Kronrat wünscht
Gutes Singen
Und Gelingen!

Der Samstag ist vergangen
Heut´ wird rumgehangen
Luckenwalde morgen
Wie geht´s euren Sorgen?

Noch nen schönen Tag
Ohne Plag, quak, quak!

Die Eule macht Uhu
Ich geh jetzt auch zur Ruh
Und schlafe süße
Dank eurer Grüße!

Die Pause ist vorbei
Der Abend rückt näher für uns zwei
Vielleicht kann es Dich beglücken
Wenn wir uns dann aneiander drücken!

Good night
And good ride!

Guten Morgen
Ohne Sorgen
Malbuhner Grüße:
Komm bald wieder auf die Füße!

Hoffe, ihr seid über Sund
Und nicht auf Grund!
Ich bedauere sehr
Es läuft die Nase
Ich bin daheim
Und auch die Blase
Die Luft ist gut
Die Luft ist frisch
Das macht mir Mut
Ich geh zu Tisch!

Ich würd´ Dich gern´ verführen
Und in Dir rühren
Mich fest an Dich pressen
Und Dich mit Haut und Haaren
fressen!
Du machst mich an -
Dein Mann.

Kongsvinger
Denk´ ich immer
Melde Dich dann morgen
Sonst mach ich mir Sorgen!

Mit Claudia
War gerne da
Doch das geht nicht
Ich armer Wicht
Ich leer nen Kelch
Auf euren Elch!

Linumlanum Alesund
Ich schreib´ mal wieder Schund
Köpenick heut finit
Morgen frei sonst nie!
Euch das Beste, mir die Reste
Sag´ nun Tschüss, beste Grüß´!

Nach blauem Blau
Grüßt graues Grau
Den Sonntag nun
Der zum Ausruhn

Doch warmer Tee
Oder Kaffee
Wärmen von Innen
Und lassen ihn gut beginnen!

Nach gutem Start mußte ich
halten
Denn das Thermostat wollte nicht mehr
schalten
ADAC und Abschleppwagen
Wunderbar an kalten Tagen!

Na Du! Ich bekomme die Karte
Und warte
Auf die Zeit
Bis es so weit
Bei Dir zu sein
Was könnte schöner sein?!

Nun bin ich gleich da
Und warte auf das Malbuhpaar!
Und stehe im Regen
Auf den Wegen -
So werde ich denn naß -
Welch ein Spaß!

Ob Sonne oder Regen
Laß uns Kontakte pflegen!

O goldene Malbuhsonne
Hoffe, der Tag war zu Deiner
Wonne
Und Du kannst den Abend
genießen
Ohne zu verdrießen!

O greiser, weiser Buh
How do you do?
Ich hoffe, Du kriegst Dein Frei
Und dann sehn wir uns vielleicht
dabei!
Nen guten Abend -
Angenehm und erlabend
Für Malbah und Dich
Von mich!

O Malbuhlein
Gleich tritt er ein
Stell die Getränke kalt
Ich komm nun bald
Dann trinken wir
Manch kühles Bier
Film und Dia
Mamma mia
Mach nu auf
Ich warte drauf!

O Malbuhlein
Wünsche Dir guten Geburtstag fein!

Laß die Gläser klingen
Und Dir Freude bringen!

O Malbuh mein
Ich harre Dein
Bist Du wieder hier
Und nicht bei mir
Oder noch fort
Am fremden Ort?!

O Malbuh mein!
Was kann schöner sein
Als ein Bad am Abend
F(r)u(r)chtbar und labend!
Viel Spaß dabei
Euch zwei!

O Malbuh mein
Wie kann das denn sein:
Schon wieder fort
Am fernen Ort!
Viel Ruh und Zweisamkeit
Eine richtig schöne Zeit!

O Malbuh!
Singst Du in Zingst
Oder trinkst Du und sinkst
Daheim mit Wein und Gesang
Im Doppelklang?
Bin noch unterwegs
Doch mit Sims da geht´s!

O Malbuh und Malbah
Es war ein gutes Jahr!
Was wird das neue bringen?
Schmerzen oder Freudesspringen?
Glaub an Dich und Malbuhn
Den Rest wird die Zeit dann tun!

O mein holdes Malbuhlein
Mußt nicht ganz so traurig sein
Wenn ich morgen auch nicht
komme
Scheint doch trotzdem unsre
Sonne!

O mein Malbuhlein
Dank für Sims Dir fein
Heut Dannenwalder Weg
Wird mal wieder spät
Noch Theater morgen
Dann vorbei erst diese Sorgen!
Bis dann
Und ruf an

O mein Malbuhlein
Trinkst Du süßen Wein?
Oder bist Du traurig nur
Weil andrer Malbuh war so stur
Und ging nach Norden
Zu den Malbuhner Horden?

O mein Malbuhlein
Wann fliegst Du ein?

O was trieb ins Fließ der Maria?
Ich war hia
Im Wedding im Norden
Drum ist´s nicht so spät
geworden!
Sims oder Anruf behend:
Wie steht´s mit Wochenend?

O willkommen daheim
Mein Malbuhlein
Nach Hennigsdorf ich muß dann wieder
Und blüht dort auch kein Flieder
Schlafe sacht
Schöne Malbuhnacht!

O wünsche guten Morgen
Vergnügt und ohne Sorgen
Ich geh jetzt etwas kaufen
Zum Frühstück - nicht zum Saufen
Dumm gelaufen!
Bis dann - ruf an!

Regen und warm
Malbuh erbarm!

Und ist der Himmel grau
Und scheint die Sonne nicht

So ist doch, sieh und schau
Durch Dich für mich da Licht!

Waage an Skorpion:
Du weißt es schon?
Frage nun - Was tun!
Waage ist bereit - Wann hast Du Zeit?
Schönen Gruß
Und digitalen Kuß.

Wassermann ist hoch erfreut
Das Angebot ihn sehr erregt
Er nimmt es gerne an
Dein liebender geiler Mann

Werkstatt erreicht, Meister zur
Pause
Schaut sich Wagen an
Und meldet sich dann
Ich geh erstmal nach Hause!

Wohin ich bin?
Leg´ ein Ei dafür
Hinter die Tür
Die Verbindung bringt dem Kloß
Ein schweres Los!

Sinnlich

Ich sehe die Sterne
In weiter Ferne
Ich höre die Stimmen
Die Höhen erklimmen

Ich fühle die Liebe
Erweckend die Triebe
Ich schmecke den Duft
Er liegt in der Luft

Ich rieche die Weite
Sie sticht in der Seite
Ich verliere die Sinne
Und lieg in der Rinne

Snöa

In einem dunklen Raum
Traf ich auf einen Traum

Der Sommer war sehr heiß
Und meistens lief der Schweiß
Plötzlich kam der Regen
Er floß auf allen Wegen

Die Höhle, die bot Schutz
Weg von dem Draußenschmutz

Und dann mit einem Mal
Ich zog die Augen schmal

Ich traute ihnen nicht
In der Ecke war ein Licht
Das Licht, es sprach zu mir:
„Hallo, was willst du hier?"

Mein Mund stand offen nur
Denn ich war aus der Spur
Ein Licht, das sprechen kann
Wo hat man sowas wann?

Das Licht, es strahlte sehr
Und dann sprach es noch mehr:
„Die Sache ist ganz schlicht
Ich bin ein Gletscherwicht

Snöa ist mein Name
Und ich bin eine Dame
Ich habe einen Wunsch
Und zieh jetzt keinen Flunsch

Ich werde helfen dir
Wenn du erfüllst ihn mir
Die Menschen küssen sich
Das mußt du tun für mich!"

Mein Hirn auf Lösung sann
Ich starrte Snöa an
Sie war so weiß wie Schnee
Ein Kuß nun gut, okay

Ich hatte keine Wahl
Wollt ich aus diesem Saal
So trat ich zu ihr hin
Augen zu und hoch das Kinn

Doch, was mir dann geschah
War mehr als wunderbar
Es war wie ein Schweben
Ein innerliches Beben

Ein kaltes warmes Fließen
Von Kopf bis zu den Füßen
Ein Beben, ein Zittern
Ein wärmendes Bibbern

In diesem dunklen Raum
Da fand ich meinen Traum

So ist am Ende

Wenn der Nebel steigt
Aus dunklem Grunde
Dann die Nacht sich neigt
Zu ihrem Schwunde

Wenn der Vogel ruft
Mit frühem Sange
Dann der Tag anschlurft
Er braucht nicht lange

Dann geht die Sonne
Geht auf ihrer Bahn
Dem Tag bringt Wonne
Wie ein junger Zahn

Sie scheint sich hoch empor
Über Felder, Wiesen
Und am Himmelstor
Wird sie gepriesen

Ihre Wärme gibt
Das Leben allen
Jeder, der sie liebt
Wird ihr verfallen

Und wenn Dunkelheit
Fließet in den Tag
Ist es Wirklichkeit
Sie nur das vermag

So ist am Ende
Alles wie es soll
Und ganz behende
Saugt das Licht sich voll

Sonne über Bäumen

Sonne über Bäumen
Mond auf weitem Feld

Singen von den Träumen
Und der weiten Welt

Fische in dem Meer
Vögel in der Luft
Kommen von weit her
Bringen fremden Duft

Perlen auf dem Meeresgrund
Steine in dem tiefen Tal
Schleift das Wasser rund
Haben keine Wahl

Gedanken tief im Innern
Worte aus dem toten Mund
Bringen es zum Schimmern
Zeigen dir den Grund

Steht ein Engel

Steht ein Engel vor der Tür
Steht so da und blickt zu dir
Steht ein Engel vor der Tür
Und sagt: „Ich will zu Dir!"

Du denkst, es ist ein Traum
Da steht er schon im Raum
Er schwebt auf und nieder
Dir schlottern alle Glieder

Er schaut dich an und lacht
Was nun er wohl macht?
Schon ist er wieder fort
Wohin? An welchen Ort?

Steht ein Engel in der Tür
Steht so da und blickt zu dir
Steht ein Engel in der Tür
Und sagt: „Komm! Bleib bei mir!"

Tiefe Schwere

Ohne Sinn und Verstand
Schweben über dem Land
Alles ist hier ganz klein
Und Leben nur ein Schein

Gehen auf den Händen
Nichts mehr zu verschwenden
Sonne strahlt von oben
Sterne, die hier toben

Füße, die nichts tragen
Worte, die nichts sagen
Wellen, die nichts spülen
Herzen, die nichts fühlen

Ohren, die nichts hören
Stimmen, die nur stören

Seelen, die nichts glauben
Menschen, die nichts taugen

Endlich dann am Ziele
Gibt es da nicht Viele
In der weiten Leere
Umfängt dich tiefe Schwere

Und aber froh

Es kommt näher
Es läßt mich kalt
Es kommt näher
Und es beginnt so bald

Der Tag ist fast heran
Wahrscheinlich gibt es Kuchen
Der Tag ist fast heran
Könnte ihn verfluchen

Ich will nichts wissen
Nichts wird sein was dann
Ich will nichts wissen
Bin allein von Anfang an

Sie strahlt in der Sonne
Sie ist die Königin im Nest
Sie strahlt in der Sonne
Sie genießt es, ihr Fest

Ich sitze zu Hause
Der Brief ist da und zu
Ich sitze zu Hause
Und will nur meine Ruh´

Ihr Leben sollte für mich
Sie ist eben nicht so
Ihr Leben sollte für mich
Nun bin ich tot und aber froh

Und das in meinem Garten

Mein Leben läuft dahin
Meist ganz ohne Sinn
Es zieht sich in die Länge
Weiß nicht, ob daran hänge

Will weg von diesem Stern
Meine Ziele liegen fern
Dann will ich wieder bleiben
Und das bedeutet: Leiden

Weiß nicht aus noch ein
Will niemand wirklich sein
Hinaus und weg von allen
Einfach in die Sterne fallen

Leben um zu lieben nur
Von Ruhe keine Spur

Doch das ist nicht die Welt
Die ist darauf eingestellt

Diese Erde will nur nehmen
Und die Gefühle zähmen
So bleibt mir nur das Warten
Und das in meinem Garten!

Und doch Traurigkeit

War am fernen Strand
In einem grünen Land
Sah dort Berge, Seen
Aber nichts von Feen

Gab Kühe und Zäune
Und sehr viele Bäume
In dem großen Meer
Delphine kamen her

Häuser klein und bunt
Und Kraterseen rund
Heiße Quellen hier
Schwefeldampfend über mir

Blauer Himmel, Sonne
Alles sehr zur Wonne
Und doch Traurigkeit
Denn Du bist so weit

Und doch von Herzen

Mein Leben fließt
Und Wermut sich ergießt
So viel erlebt
Und auch geschwebt

So viel verloren
Zuweilen auserkoren
So viel geliebt
Und dann versiebt

So viel gesehen
Was zum Vergehen
So viel erfahren
In all den Jahren

So viel gelitten
Und auch gestritten
So viel gegeben
Was auch daneben

So viel blauer Himmel
Und am Ende Schimmel
So viel Versprechen
Die sich dann rächen

So viel Leiden
Und trotzdem Bleiben
So viel Schmerzen
Und doch von Herzen!

Und kein Zurück vom Glück

Du bist winzig klein
Und doch schon ganz allein
Die Eltern sorgen
Denken an den Morgen

Helfen wollen sie
Doch das gelingt fast nie
Du willst erleben
Und alleine schweben

Doch sie bestimmen
Wohin du sollst schwimmen
Tief steckst du darin
Dein Leben fließt dahin

Eine Tür geht auf
Du warst nicht scharf darauf
Und ohne Warnung
Ist sie weg, die Tarnung

Dir hilft kein Wehren
Und auch kein Beschweren
Weiter noch ein Stück
Und kein Zurück vom Glück

Und nicht allein

Will weg von Dir
Und hin zu mir
Doch wenn Du da
Wenn Du mir nah

Dann ist es so
Daß ich bin froh
Will Dich sehen
Mit Dir gehen

Liebe schenken
An Dich denken
Bei Dir nur sein
Und nicht allein

Und nichts

Und Liebe kommt und Liebe geht
Und nichts auf dieser Welt besteht

Und Liebe kommt und Leiden bleibt
Und nichts, was es erneut vertreibt

Und Leere kommt und Leere liegt
Und nichts ist da, was sie besiegt

Und Schwere kommt und Schwere drückt
Und nur der Tod, der sie verzückt

Und nur Betrug

Und das Leben
Gibt dir eben
Nur die Dinge
Mit der Schlinge

Und du bist da
Und weißt zwar
Aber nicht genug
Und nur Betrug

Und sah Dich in der Sonne 9

Und sah Dich in der Sonne
Und stehen auch im Licht
Und Du warst eine Wonne
Und sah den Schatten nicht

Es strahlten Deine Augen
Sie waren tief und weit
Ich hab´ mich rein gesogen
Und vergessen alle Zeit

Du warst so nah und näher
Als wenn es immer war
Ich bin kein Frühaufsteher
Und Du warst meistens da

Wir gingen durch die Tage
Und liebten uns die Nächte
Es war gar keine Frage
Was uns die Zukunft brächte

Dem Frühling folgte Sommer
In heißer Sonne alles lebte
Wir gingen ohne Komma
Weil alles in uns bebte

Doch der Winter brach herein
So schnell wie nicht gedacht
Es zerbrach der schöne Schein
Und ich bin aufgewacht

Sie wollte nicht mehr bleiben
Und entfernte sich von mir
So ließ ich mich denn treiben
Und sie war nicht mehr hier

Und sah Dich in der Sonne
Und stehen auch im Licht
Und hau´ Dich in die Tonne
Und wenn das Herz auch bricht

Und sah Dich in der Sonne 2009

Und sah Dich in der Sonne
Und stehen wie ein Licht
Und sah Dich in der Sonne
Und blenden mein Gesicht

Und sah Dich in der Sonne
Und kreisen über mir
Und sah Dich in der Sonne
Und wollte hoch zu Dir

Und sah Dich in der Sonne
Und schweben hoch hinauf
Und sah Dich in der Sonne
Und gab das Streben auf

Und sah Dich in der Sonne
Und stürmte tief hinab
Und sah Dich in der Sonne
Und wählte mir mein Grab

Und sah Dich vor mir stehen
Und schaute Dich nur an
Und hörte leises Flehen
Und trat ganz nah heran

Und lag in Deinen Armen
Und küßte Deinen Mund
Und gab Dir meinen Namen
Und machte alles bunt

Und trotzdem lieb´ ich sehr

Ich wollt ihr schreiben
Doch ließ es bleiben

Meine Gefühle
Waren Gewühle

Und meine Sonne
War ohne Wonne

Warum sie es tat
War nicht so apart

Was war die Idee?
Das nicht vor mir seh´

Denn ihr Empfinden
Heißt für mich: winden!

Und ohne Werbung
Da fehlt die Färbung

Sie will mich halten
Als ihren Alten

So wie sie es will
Und ich bin nur still

Ich war verfallen
Mit Haut und allem

Und was ist geschehen
Es war auch nicht zu sehen

Und ich am Leben
Es war nur Schweben

Und dann am Ende
Es war behende

Für mich die Schmerzen
Aus meinem Herzen

Für sie nur Worte
Von einer Sorte

Keine Liebe drin
Und alles ohne Sinn

Befreiung ist es nur
Für mich die Folter pur

Ich will es nicht mehr
Und trotzdem lieb´ ich sehr!

Und war dann nicht mehr da

Du warst mir näher
Als vor Dir alle
Oh, meine liebe Bea
So ging ich in die Falle

Ich fand Dich irre toll
Und war ganz hin und weg
Mit Dir, mein Herz das war so voll
Und das erfüllte Deinen Zweck

Du hast mich nur benutzt
Und ohne es zu merken
War ich am Ende ganz verdutzt
Von Deinem ganzen Werken

Du hast Dich mir genommen
Ohne mich danach zu fragen
Als ich hatte mich besonnen
War es weg, mein Argen

Ich fand mich in der Gosse
Und wußte nicht, was war
Wie ein Fisch ohne die Flosse
Lag ich im Trockenen da

So starb ich vor mich hin
Und wußte nicht, wie mir geschah
Und sah in allem keinen Sinn
Und war dann nicht mehr da

Und wenn die Lust es ist

Und wenn die Lust es ist
Die dich träumen läßt

Und wenn die Lust es ist
Die für dich das Fest

Und wenn die Lust es ist
Die dich lieben macht
Und wenn die Lust es ist
Die in dir erwacht

Und wenn die Lust es ist
Die dir Zweifel bringt
Und wenn die Lust es ist
Die in dich dann dringt

Und wenn die Lust es ist
Die dir das Ende zeigt
Und wenn die Lust es ist
Die dein Leben neigt

Und wenn die Lust es ist
Die dich verraten hat
Und wenn die Lust es ist
Die dich setzt auf matt

Und wenn die Lust es ist
Die dich löscht dann aus
Und wenn die Lust es ist
Es war schon ein Schmaus!

Unerwartet

Der Tag war ganz normal
Hatten im Garten unser Mahl
Die Sonne vom Himmel brannte
Die Kehle Durst nur kannte

Da kam die Sims herein
Du wolltest nicht alleine sein
Was trinken Wein und oder Bier
Na komm, wir sind noch hier

Der Abend war ganz nett
Und irgendwann, da ging´s zu Bett
Ich weiß nicht, warum es tat
Damit begann dann der Salat

Ich schrieb ihr noch Gut´ Nacht
Wußte nicht, was da entfacht
Es ging hin und es ging her
Es fehlte jede Gegenwehr

Hose und auch Schuhe
Es ließ mir keine Ruhe
So schnell ich konnte, lief ich hin
Am Haus vorbei zuerst ich bin

Im Haus dann oben
War ich schon auf dem Boden
Zurück dann an der Tür
Wurde ich belohnt dafür

Sie öffnete sogleich
Und meine Knie waren weich
Umarmung und ein Kuß
Es war der Anfang, nicht der Schluß

Wir gingen in das Zimmer
Was dann geschah, ich glaubt es nimmer
Es war alles wie im Traum
Sie und ich in einem Raum

Die Kleidung fiel im Nu
Sie sah mir und ich ihr zu
Ich spürte nackte, weiche Haut
Und war mehr als nur erbaut

Alles war ohne Scheu
Und alles war so neu
Und doch auch so vertraut wie nie
Ich wußte nicht, warum gerade sie

Die Schenkel und der Bauch
Und ihre Brüste spürt ich auch
An dem Penis ihre Hand
Alles hat gebrannt

Es floß aus der Scheide
Sich ergießend auf uns beide
Der Verzückung heißer Saft
In unbändiger Kraft

Es war so schön wie nie
Warum denn jetzt - und warum sie?

Nur Zeitvertreib, ein Spiel?
Will ich vielleicht zu viel?

Nur eine halbe Nacht
Und sie hat mir so viel gebracht
Davon zähren für den ganzen Rest
Oder nochmal – wenn sie mich läßt!

Vergangen

Sehend gehen
Leidend stehen
Hörend schweben
Essend weben

Liegend träumen
Horchend säumen
Fliegend sinken
Tauchend trinken

Schwimmend lauschen
Stehend plauschen
Liebend wollen
Sterbend grollen

Gehend wanken
Fallend schwanken
Zweisam scheiden
Einsam bleiben

Vergeben

Wie ein Feuer ohne Schranken
Das die Welt läßt wanken
Nur ein kleiner Funken
Und da ist kein Unken

Er bringt alles zum Erliegen
Und du kannst dich nicht mehr biegen
Du mußt einfach gehen
Und kannst nichts mehr sehen

Deine Liebe ohne Reue
Dieses Wollen ohne Scheue
Du gehst zu ihr sodann
Und du hast nichts daran

Mit ihr warst du frisch gebunden
Hast für sie dich nur geschunden
Du warst wie neu geboren
Und fühltest dich auserkoren

Doch nichts war in ihrem Leben
Das dir hat was gegeben
Es war nur wie ein Traum
Du hast durchschritten diesen Raum

Und dann kam das kalte Ende
Es waren Deine Hände
Alles was ich hatte
War verpackt in Watte

Und das Feuer, als erstarb es dann
Von vorne fing alles wieder an
Es war das, was Du dachtest
Was Du dann aus mir machtest

Wenn gelöscht dann ist alles
Und er kommt der Fall des Falles
Nun führe deinen Samen ein
Und dann bist du wie daheim

Doch sie läßt dich einfach stehen
Und will dann von dir gehen
Du hast vertraut ihr ganz
Und so vergeben deine Chance

Du hoffst, daß dein altes Leben
Kommt zurück durch Geben
Wenn du es dahin lenkst
Und ihr alles schenkst

Dann ist es so wie immer
Es ist kaum noch Gewimmer
Doch, in diesen Gräben
Vergeht hernach mein Leben

Verliebt

Es ist im Leben immer wieder
Mal geht es auf, mal geht es nieder

Du schwebst auf rosa Wolken oben
Wenn Amors Pfeil her kommt geflogen

Du vergißt die ganze Welt drumrum
Und dein Benehmen ist ziemlich dumm
Deine Augen strahlen immer hell
Und die Zeit vergeht nun viel zu schnell

Mit ihr ist einfach alles klasse
Du stehst gern Stunden an der Kasse
Du siehst die Liebesschinken flimmern
Und es kommt nicht einmal ein Wimmern

Die Tage in den Shopping-Centern
Die du verbringst mit vielen Rentnern
Sie geben dir so manchen Kick
Weil sie das alles findet schick

Dein Urlaub ist ganz anders nun
Statt Action sehr viel Zeit zum Ruhn
Doch ist in ihrer Gegenwart
Auch dies für dich sehr apart

Dein ganzes Leben hat sich gedreht
Niemand außer dir, der es versteht
So ist es, wenn man ist verliebt
Nicht du, nur sie, die es noch gibt

Vermißt

Wenn Leben leben ist
Warum wird der Tod vermißt?

Wenn Sterben sterben ist
Warum wird das Leben vermißt?

Wenn der Tod der Tod ist
Warum wird der Anfang vermißt?

Wenn Anfang Leben ist
Warum wird das Sterben vermißt?

Wenn du dann nur du bist
Warum wird dann der Andere vermißt?

Verpennt

Dich lieben wollte ich
Und Dir ganz schenken mich
War Flamme und Feuer
Es war so ungeheuer

Es war pure Magie
Die sollte vergehen nie
Sie sollte ewig sein
Die Sache mit uns Zwein

Doch wie das Leben ist
Hatte alles eine Frist
Und sie so schnell verstrich
Du hast verlassen mich

Ich bin alleine denn
Ohne Aber, ohne Wenn
Den magischen Moment
Den haben wir verpennt!

Vielleicht dein Leben

Du hast gefeiert
Vielleicht gereiert

Du hast erhoben
Vielleicht geschoben

Du hast vergessen
Vielleicht besessen

Du hast gefunden
Vielleicht geschunden

Du hast gestritten
Vielleicht gelitten

Du hast genommen
Vielleicht bekommen

Du hast gelötet
Vielleicht getötet

Du hast gefunden
Vielleiht verbunden

Du hast erhaben
Vielleicht begraben

Du hast vergeben
Vielleicht dein Leben!

Vierzeiler

Bin der Mann, der alles kann
Bin der Mann, der will ran
Bin der Mann, der ist dran
Bin der Mann, muß fangen an!

Du brauchst mich nicht zu leiten
Ich finde ganz alleine
Es ist ein sanftes Gleiten
Zwischen Deine Beine!

Du gehst hinfort
Und in die Ferne
An einen Ort
Wo ich so gerne

Gib mir die Ruhe
Daß ich es tue
Was ich dann will
Danach bin ich still!

Ich geh´ Pullern
Und auch Strullern
Und am Ende
Hab´ ich nasse Hände!

Ich habe Dich geliebt
Mein Ich vor Dein
Alles, was es gibt
Sollte für Dich sein

Ist ne kleine Maus
Die lebt in ihrem Haus
Sie liebt die Bea
Und will ihr kommen näher!

Kann es nicht sehen
Und nicht verstehen
Doch mein Herz zerbricht
Wenn es sieht Dich nicht!

Läuft der Käfer schnell
Hat er wohl kein Fell
Läuft der Käfer langsam
Ist vielleicht ein Schwanz dran!

Mein Leben war und ist
Was auch immer
Habe viel und nichts vermißt
Und werde es nimmer!

Nicht nur zu Hause
Unter der Brause
Nein, auch beim Shoppen
Will ich mit Dir poppen!

Schnaps, den ich trinke gerne
Und bin ich in der Ferne
Dann sagt er mir:
Ich will zurück zu Dir!

So ist das Leben
So ist es eben
Wenn wir auch streben
Es geht daneben!

Wenn die Linde
Hat keine Rinde
Dann kann es sein
Daß du bist zu klein!

Wenn du kannst trinken
Und du die Flasche leerst
Wirst du zu Boden sinken
Als wenn Beton du wärst!

Virus

Er ist ganz winzig klein
Und er dringt in dich ein

Durch Auge, Nase, Mund
Und er ist nicht gesund

Er bringt dir Husten, Fieber
Und du liegst darnieder

Der Staat verpennt den Start
Und das ist nicht apart

Dann bricht die Panik aus
Und du bleibst drin zu Haus

Bist Sklave nun daheim
Und was bleibt, ist nur der Wein

Die Sonne scheint und lacht
Und weiß auch nicht, wer ihn gebracht

Alle wollen glänzen durch die Tat
Und niemand, der hat wirklich Rat

So kann man warten nur
Und bleiben in der Spur

Wir hoffen, daß es schwindet
Und das, noch ehe es uns findet!

Was auch sonst?

Wenn Du gegangen
Und mich aufgehangen
Dann der Tag da ist
Wo Du mich dann frißt

Weiß nicht warum nun
Du mußt das jetzt tun
Doch dann am Ende
Ist kein: Verschwende

Du nimmst es dann fort
Jener fremder Ort
Da wird es liegen
Und Kinder kriegen

Und in neuen Zeiten
Dann werden reiten
Sie sofort wieder
Und machen nieder

Alles, was da war
Egal, wie es geschah
Jedes Teil hinweg
Muß von seinem Fleck

Sie waren da, O
Sie waren dann: wo!
Ist dann geschehen
Ohne noch zu sehen

Und der Rest sodann
Fängt zu glühen an
Und er blüht weiter
Ist nicht so heiter

Später dann, o ja
Ist Erkenntnis da
Die beiden Neuen
Werden es reuen

Was sie verspricht

Sie ist jung
Ist auf dem Sprung
Sie schaut keck
Und ist schon weg

Sie lächelt
Und er hechelt
Sie wackelt
Und er dackelt

Sie schreitet
Er nur gleitet
Sie steht still
Und er sie will

Sie spricht nun
Er will es tun

Rot ihr Mund
Tut Liebe kund

Und ihr Rock
Gefällt dem Bock
Was darunter
Macht ihn munter

Sie ist jung
Er will den Sprung
Sie weiß nicht
Was sie verspricht

Was zum Schluß

Und im Leben
Das ein Geben
Willst du nur
Mit der Spur

Weit und weiter
Wenn dann heiter
Hoch hinaus
Aus dem Haus

In den Himmel
Mit Gebimmel
Auf dem Hof
Ist es doof

Willst erreichen
Ohne Weichen
Was zum Schluß
Nur Verdruß

Wenn die Sonne scheint

Es gibt Dinge im Leben
Die kann man nicht erklären eben
Du siehst eine tolle Frau
Du siehst sie, das weißt du genau

Du bist so verliebt in sie
Wie vorher du warst es nie
Sie ist ein Bild der Sonne
Das ist sie, doch keine Nonne

Für sie gibst du alles weg
Sie ist nun dein ganzer Lebenszweck
Was du dann zu spät erkennst
Bevor du es beim Namen nennst

Es ist und zerreißt dich schier
Du siehst ihr wahres Ich vor dir
Sie ist nicht schön und ist nicht jung
Und sie ist immer auf dem Sprung

Ihre Haut ist schlaff und alt
Und der Rest verwelkt auch bald

Doppelkinn und dicker Bauch
Und überheblich ist sie auch

Von der Sonne geblendet
Da ist dein Leben verendet
Schon länger ist sie nicht mehr dein
Doch vorbei ist jetzt der schöne Schein

Durch die Art ihrer Treue
Verspürst du keine Reue
Du siehst sie, wie sie wirklich ist
Und merkst, was für ein Idiot du bist

Es ist das Beste für dich
Daß sie so entschieden sich
Und nur Abscheu ist noch da
Wo vorher so viel Liebe war!

Wenn ich Dich sehe

Der Schlüssel mußte her
Das fiel mir mehr als schwer
Habe es Dir geschrieben
Dabei ist es nicht geblieben

Du bist zu mir gekommen
Und ich habe ihn genommen
Es war in meinem Garten
Und ich mußte lange warten

Ein Küßchen auf die Wange
Du bliebst nur kurz, nicht lange
Deine Haare wehten im Wind
Und ich fühlte mich wie blind

Nicht Wange, sondern Zunge
Das sagte meine Lunge
Wir saßen und sahen uns an
Zur Seite der Blick dann und wann

Hätte Dich sofort besprungen
Und wäre in Dich gedrungen
Dein Gesicht und Deine Augen
Mich wieder in sie saugen!

Dein Doppelkinn und Deine Hände
Ist, als wenn die Zeit verschwände
Trotzdem, es ist nun eben so
Wenn ich Dich sehe, bin ich froh!

Wenn ich lache

Es ist Sommer
Es ist warm
Die Bienen fliegen
In ihrem Schwarm

Es ist Sommer
Ich bin allein

Die andern lieben
Will auch so sein?

Es ist Sommer
Alle wollen leben
Sie ziehen weit hinaus
Um alles dann zu geben

Es ist Sommer
Die Sonne sinkt
Die Nacht ist dunkel
Was ist es, das sie bringt?

Es ist Sommer
Und ich wache
Bin verloren für immer
Auch, wenn ich lache!

Wenn Liebe...

Wenn Liebe alles ist
Und du ihr verfallen bist
Dann ist der Tod von ihr
Wenn das Ende kommt zu dir

Wenn Liebe dein Leben
Und du ihr bist ergeben
Dann bist du am Ende
Wenn sie dir bringt die Wende

Wenn Liebe von dir geht
Und niemand es versteht
Dann ist alles vorbei
Wenn deine Liebe ist frei

Wenn alles zu Ende
Und es ist keine Wende
Dann ist dein Leben aus
Und Liebe verläßt dein Haus

Wenn Liebe geht

Dein Leben geht
Es fließt dahin
Und nichts besteht
Was einst darin

Du siehst zurück
Und denkst daran
An altes Glück
Wie es verschwamm

Die Sonne scheint
Der Mond zur Nacht
Der Himmel weint
Der Teufel lacht

Es kommt der Tag
Mit Liebe voll

Und dann der Schlag
Du zahlst den Zoll

Der Boden nah
Vorbei die Lust
Was dir geschah
Es bleibt der Frust

Was auch geschieht
Drum merke fein
Wenn du es siehst
Bist du allein!

Wenn und dann

Wenn die Biene summt
Und die Hummel brummt
Und die Elster schwebt
Und die Wolke bebt

Wenn die Blume blüht
Und der Regen sprüht
Und das Gras dann wächst
Und die Krähe krächzt

Wenn der Spaten sticht
Und das Brennholz bricht
Und der Spargel sprießt
Und die Kanne gießt

Wenn die Sonne brennt
Und der Himmel trennt
Dann der Frühling ist
Und du glücklich bist

Wenn Zukunft endet

Wenn Leben geht
Und Sterben steht
Wenn Sonne scheint
Und Seele weint

Wenn Mund ist tot
Und Sterne rot
Wenn Wasser fließt
Und Regen gießt

Wenn Herzen stehen
Und Augen sehen
Wenn Berge fallen
Und Täler wallen

Wenn Tiere neu
Und Menschen scheu
Wenn Sterne gehen
Und Schatten stehen

Wenn Dasein ist
Und Hölle frißt

Wenn Himmel fällt
Und Zweifel stellt

Wenn Hoffnung flieht
Und Wachsein sieht
Wenn Zukunft fort
Und Gestern dort

Dann bist du da
Wo alles war
An deinem Ziel
Aus ist das Spiel!

Wo sind Deine Hände?

Viele Köche sind
Für den Brei ein Kind

Und der andre dann
Ohne Brei geht ran

Ja, das ist es nun
Was ist noch zu tun?

Alles haben hier
Meine Wünsche kennen, schier

Und an der Ecke
War eine Quecke

Was sollte er tun
Ohne zu ruhen?

Er ließ sich gleiten
Problem bereiten!

Alle sind dahin
Vorbei und kein Sinn

Sie wollen strafen
Ich nur noch schlafen!

Tot nun am Ende
Wo sind Deine Hände?

Zweizeiler

Am Baume hängt ein Blatt
Wenn es fällt, dann ist es platt

Astern, Mohn und Löwenzahn
Sprießen, wenn es warm!

Bier auf Wein
Komm schenk ein!

Bin ich in meinem Garten
Nutz ich nicht nur den Spaten!

Bist du am Tag allein geblieben
Kannst du nicht am Abend lieben!

Bist Du eine Bohnenstange
Hält die Starre nicht sehr lange!

Bist du ohne Wein
Bist du glücklich oder klein!

Brennt der Ofen in der Küche
Helfen keine Flüche!

Deine großen Brüste
Fördern nicht nur meine Lüste!

Der Wein fließt durch die Kehle
Er trocknet meine Seele!

Dir alles gegeben um zu lieben
Was ist mir geblieben?

Du warst mein Traum –
Ich glaub´ es kaum!

Einzeln sind wir einsam
Doch stark sind wir gemeinsam!

Erkennst du den Sinn
Ist dein Leben dahin!

Es hängt die Spinne in dem Netz
Und weiß doch nichts von dem Gesetz!

Es ist im Leben nicht alles eben
Und darum geht mir so Vieles daneben!

Fällt der Regen stark hernieder
Fehlt dem Bauern Ernte wieder

Gehst du in den Garten
Müssen deine Freunde warten!

Hängt die Frucht noch an dem Baum
Hat der Hengst wohl seinen Zaum!

Hast Du einen dicken Busen
Will jeder mit Dir schmusen!

Hat dein Wagen eine Panne
Liegst du in der Wanne

Hebt der Hirsch schon das Geweih
Dann lauf davon und schrei!

Ich bleibe für immer bei Dir
Gibst Du Deine Liebe mir

Ich eß´ ihn auf, den Schinken
Dann hör´ ich auf zu trinken!

Ich fühle mich leer
Drum fahre ich zum Meer!

Ich hoffe, Du liebst mich
Denn meine Welt lebt nur für Dich!

Ich liebe Deine Blusen
Denn sie halten Deinen Busen

Ich trinke roten Wein
Und kann doch nicht schöner sein

In Dein Herz zu sehen
Heißt, die Liebe zu verstehen!

Ist das Fleisch schon ziemlich alt
Fängt zu stinken an es bald!

Ist der Himmel blau und heiter
Bleib´ nicht stehen, geh´ einfach weiter!

Ist die Sonne hell
Welkt die Haut ganz schnell!

Lebt im Walde eine Fee
Wäscht sie vielleicht mit Spee!

Meine Liebe mein Leben
Mein Ende mein Geben

Meine Liebe soll Dich tragen
An guten und an schlechten Tagen

Mein Leben geht zu Ende
Mit und ohne Wende!

Muß jetzt schlafen
Darf nicht Harfen!

Mußt du im Leben geben
Wirst du nie auf Wolken schweben!

Quakt der Frosch im März
Ist es vielleicht ein Nerz!

Schreibe und dichte
In diffusem Lichte

Schüchtern, wenn nüchtern
Für alles offen, wenn besoffen!

Siehst du die Blume auf dem Felde
Ist es nicht immer Melde!

Singt die Drossel an dem Teich
Wird jeder Molch gleich weich!

Sonne, Mond und Sterne
Und ich mit der Laterne!

Stehe ich auf meiner Schwelle
Sehe ich schon die Libelle!

Warum gab ich Dir den Schlüssel?
Ich hab´ nen Sprung in meiner Schüssel!

Wein, der muß sein
Dann bist du nicht allein!

Wenn die Mistel blüht im Baume
Beginnt der Liebestaumel!

Wenn die Sterne sinken
Wollen Fische nicht mehr blinken!

Wenn du siehst die Sonne
Tritt die Schwermut in die Tonne!

Wenn du willst leben
Darfst du nicht glauben Jedem!

Wenn ich diese Welt verlasse
Glaube ich nicht, daß ich was verpasse!

Wenn ich seh die Meise
Bin ich schnell ganz leise!

Wenn ich soll laufen
Muß ich vorher saufen!

Willst du, daß die Blumen sprießen
Mußt du sie richtig gießen!

Willst Du was erleben
Darfst Du nicht zu Hause kleben!

Will viel erleben
Und einfach leben!

Wohnst du am Kanal
Sind die Wege schmal

Mehr von M. S. Dueschamm:

Der Wind treibt die Gedanken
Nordwegische Gedichte und andere Ergüsse

172 Seiten, Paperback
Herstellung und Vertrieb: Books on Demand GmbH,
Norderstedt, ISBN 9783749422708

Grüne Tinte auf Papier
Gereimtes und Ungereimtes

172 Seiten, Paperback
Herstellung und Vertrieb: Books on Demand GmbH,
Norderstedt, ISBN 9783744813358

Ich bin Gedicht
Was ich schon immer sage wollte und niemand
hören will

172 Seiten, Paperback
Herstellung und Vertrieb: Books on Demand GmbH,
Norderstedt, ISBN 9783748132233

Leseempfehlung:

Das Nordlicht, das Bier und ich

Jens lebt mit seinen Eltern in Berlin. Als sein Großvater in Husum stirbt, reist die Familie zur Testamentseröffnung dorthin. Der Inhalt des Testaments und das Wiedersehen seiner Mutter mit einem alten Jugendfreund lassen die Ehe seiner Eltern und die Vergangenheit seiner Mutter in einem ganz neuen Licht erscheinen.

Die Verwirrung seiner Gefühle wird noch verstärkt durch die Begegnung mit der 16 Jahre alten Meike, von der eine unerklärliche Anziehungskraft auf ihn ausgeht.

Als er ein bisher gut gehütetes Geheimnis aus dem Leben seiner Mutter erfährt, führt das zu einem scheinbar unauflösbaren Widerspruch zwischen dem, was sein Herz und dem, was sein Verstand sagt...

Owe Klajü - Das Nordlicht, das Bier und ich
Roman, 198 Seiten, Paperback
Herstellung und Vertrieb: Books on Demand GmbH, Norderstedt, ISBN 978374 1263316

Und dann kam Pit

Olaf ist sechzehn, schüchtern und unsterblich verliebt. Er fährt das erste Mal ohne seine Eltern in die Ferien: mit seinem Freund Tilo und dessen Eltern. Die räumliche Trennung von seiner großen Liebe läßt ihn fast verzweifeln.

Ein Übriges trägt das pubertäre Gehabe seines Freundes gegenüber Mädchen bei, der sich in jedes Abenteuer stürzt, das sich ihm bietet.

Und dann ist da noch diese Petra, die von allen nur Pit genannt wird...

Klaus-Jürgen Sparfeld - Und dann kam Pit
Roman, 164 Seiten, Paperback
Herstellung und Vertrieb: Books on Demand GmbH, Norderstedt, ISBN 978384 4813470